CAMPER-GLÜCK

KULTUR-URLAUB MIT DEM WOHNMOBIL

Die besten Campingplätze an Schlössern, Burgen, Museen in Deutschland

Corinna Harder

BRUCKMANN

Inhalt

Chill-Time im Fontane-Garten

Vorwort

SCHLÖSSER, BURGEN, MUSEEN … Deutschland hat ein faszinierendes kulturelles Erbe. Man muss nicht in weite Fernen reisen, um Bauwerke von Weltrang, beeindruckende Industriedenkmäler oder Museen mit international hochkarätigen Sammlungen zu erleben. Zwischen Alpen und Meer finden sich Top-Sehenswürdigkeiten und geschichtsträchtige Orte – und diese nicht selten direkt vor der Wohnmobiltür.

Egal, ob spontane Wochenendsause oder mehrwöchige Camping-Kultur-Auszeit quer durch die Lande: Wenn nur ein kurzer Zwischenstopp geplant ist, bietet sich ein Stellplatz an – auf einem einfachen, zuweilen sogar kostenlosen Parkplatz. Das schont die Urlaubskasse. Wo Serviceleistungen wie Sanitäranlagen, Stromanschluss sowie eine Ver- und Entsorgungsstation angeboten werden, fallen zumeist moderate Gebühren an. Wer Wert auf mehr Komfort legt oder einen längeren Aufenthalt für seine Sightseeing-Tour plant, ist auf einem Campingplatz mit guter Infrastruktur besser aufgehoben. Oft gibt es an der Rezeption weitere Tipps zu möglichen Ausflugszielen.

Auf den kommenden Seiten finden sich ultimative Reiseziele, aber auch kleine, weniger bekannte Preziosen. So unterschiedlich die vorgestellten Orte sein mögen: Sie alle zeugen vom kulturellen Reichtum und von der Vielfalt dieses herrlichen Landes.

Ich wünsche Ihnen viel Freude beim Kultururlauben!

Corinna Harder

Ausflug zum Historischen
Rathaus Michelstadt

↑ Besucher kommen dem Alltag der Wikinger ganz nah.
↓ Farbenfrohes Übernachten am Ostseestrand

1 Die Drehscheibe Nordeuropas

DASS DIE WIKINGER EIN WILDES VOLK auf Eroberungstour waren, weiß jedes Kind. Auch dass sie kulturell und gesellschaftlich so einiges auf die Beine gestellt haben, Handel trieben und durchaus ihrer Zeit voraus waren, ist geläufig – nicht zuletzt dank diverser Serien in Streamingdiensten.

Vom 8. bis 11. Jahrhundert war der Seehandelsplatz Haithabu in der Nähe der heutigen Stadt Schleswig wichtiger Dreh- und Angelpunkt zwischen Skandinavien und dem kontinentalen Europa. An dieser Stelle befindet sich das Wikinger Museum Haithabu, eines der bedeutendsten archäologischen Museen des Landes. Anschaulich zeigt es, wie die Menschen des Frühmittelalters gelebt haben. Zwischen Göttergeschichten und Alltagsleben kann man sich dem Treiben der Nordmannen annähern. Die Anlage – Häuser, Boote und Werkzeuge sind originalgetreu rekonstruiert – gewährt Einblicke von der Küche bis ins Schlafzimmer. Originale Fundstücke, Modelle sowie der Einsatz moderner Medien lassen eine längst vergangene Zeit aufleben. 2018 hat die UNESCO den wikingerzeitlichen Handelsplatz und seine größte Festung, das Danewerk, zum Weltkulturerbe ernannt.

Knapp 30 Fahrminuten entfernt, am nördlichen Ufer der Eckernförder Bucht, liegt das naturbelassene Camp Langholz. Ob auf dem lang gestreckten Wiesengelände oder dem 300 Meter langen und 10 Meter breiten Sand-Kies-Strand – hier findet sich immer ein Plätzchen zum Entspannen. Im Laden mit regionalen Bioprodukten kauft man die Dinge des täglichen Bedarfs – Frühstücksservice und Zeitungen inklusive. In der Nachbarschaft gibt es ein Restaurant, ein Café ist direkt am Platz.

Wikinger Museum Haithabu · Am Haddebyer Noor 3 · 24866 Busdorf
Tel. 04621/81 32 22 · haithabu.de · GPS: 54.499745, 9.568559
Camp Langholz · Fischerstr. 9 · 24369 Waabs · Tel. 04352/91 14 84
camp-langholz.de · GPS: 54.513068, 9.982358

2 Der schiefe Turm von Lübeck

SELBST WER DIE STADT AN DER TRAVE nie besucht hat, kennt Lübecks stolzes Wahrzeichen: das Holstentor. Vielfach fotografiert, gehört das spätgotische Backsteingebäude zu den weltweit bekanntesten Stadttoren. Die trutzige Ansicht ist berühmt – die Wenigsten aber wissen, dass die der Stadt zugewandte Seite wesentlich feiner und künstlerischer gearbeitet ist. Nach außen sollte die einstige militärische Anlage abschrecken, nach innen Macht und Reichtum symbolisieren. Dank seines hohen Wiedererkennungswerts zierte das Holstentor einst eine Sondermarke der Post sowie jahrzehntelang den 50-DM-Schein. Noch heute ist es auf den 2006 geprägten Zwei-Euro-Münzen sowie im Logo eines bekannten Süßwarenherstellers zu finden. Es beherbergt ein Museum, welches anschaulich über die vielen kleinen Verrücktheiten des Gebäudes berichtet. Bereits beim Bau sackte die Südseite aufgrund des morastigen Standortes ab, sodass das Tor in Schieflage geriet und die untersten Schießscharten irgendwann einen halben Meter unterhalb der Erdoberfläche lagen. Seitdem steht der Südturm dem schiefen Turm von Pisa in nichts nach! Ein Modell der Lübecker Innenstadt gehört zu den Magneten der Ausstellung. Mit ihrem historischen Stadtkern wurde die Hansestadt 1987 in die Welterbeliste der UNESCO eingeschrieben.

Lübecks zentralster – und trotzdem ruhig gelegener – Campingplatz liegt nur vier Kilometer vor den Toren der Lübecker Altstadt. Dank guter Busverbindung erreicht man diese in knapp zehn Minuten. 70 Wohnwagen oder Wohnmobile finden hier einen schönen Stellplatz im Grünen.

Holstentor · Holstentorplatz · 23552 Lübeck · Tel. 0451/122 41 29
museum-holstentor.de · GPS: 53.866278, 10.679785
Campingplatz Lübeck-Schönböcken · Steinrader Damm 12
23556 Lübeck · Tel. 0451/89 30 90 · camping-luebeck.de
GPS: 53.869701, 10.631052

Das Holstentor gehörte einst zur Stadtbefestigung.

↑ Eine geschwungene Treppe führt hinauf in den Rosengarten.

↓ Campen auf Hamburgs letztem Naturstrand

3 Hamburgs kleine Perle

ES MUSS NICHT IMMER DIE ELBPHILHARMONIE sein … Auch wenn sie die spektakulärste und prächtigste Konzerthalle in Deutschland ist – Hamburg hat noch ganz andere Preziosen zu bieten. Eine solche ist der Römische Garten, 30 Meter über dem Blankeneser Elbufer gelegen. Einstmals zur Unterhaltung der feinen Gesellschaft angelegt, steht die Grünanlage heute unter Denkmalschutz und erfreut sich großer Beliebtheit bei Jung und Alt. Architektonisch hebt sich der Garten vor allem durch seine Jugendstil-Elemente von der sonst weit verbreiteten Formensprache des englischen Landschaftsgartens ab. Neben der mediterran anmutenden Flora sind es ausladende Treppen und Emporen, die für südländische Atmosphäre im hohen Norden sorgen.

Ein Sandweg führt durch den Garten direkt zum Amphitheater. Auf eine von Hecken umsäumte Rasenfläche geht es über eine Steintreppe hinab. In den Sommermonaten finden hier regelmäßig Vorstellungen statt. Die bis zu 200 Besucher können – wie anno 1920 – dabei Picknick machen.

ElbeCamp Camping ist ein Strandcampingplatz mit Zelt-, Wohnmobil- und Wohnwagenplätzen auf sandigem Boden, inklusive Café und Flussblick. Da der Platz inmitten der Dünen des Elbstrandes liegt, bietet er ein naturnahes Urlaubserlebnis. Grillen ist auf dem Gelände grundsätzlich erlaubt. Hier tummelt sich ein buntes Besucherpublikum, das aus Weltenbummlern und natursehnsüchtigen Hamburgern, Abenteuerlustigen und Erholungssuchenden sowie Familien mit Kindern aller Altersstufen besteht. Das ElbeCamp ist ein Projekt des Kinderschutz und Jugendwohlfahrt e. V. Hamburg.

Römischer Garten · Kösterbergstr. 40e · 22587 Hamburg
GPS: 53.561319, 9.786518
ElbeCamp Camping · Falkensteiner Ufer 101 · 22587 Hamburg
Tel. 040/81 29 49 · elbecamp.de · GPS: 53.563842, 9.766887

4 Alles andere als kopflos

UM KLAUS STÖRTEBEKER RANKEN SICH viele Legenden. Bis zu seiner Enthauptung – meist datiert auf den 20. Oktober 1401 – lehrte der bekannteste Pirat des Ostseeraumes der Hanse das Fürchten. Die bekannteste Legende, die den Seemann in einem recht vorteilhaften Licht erscheinen lässt, zeugt von seinem Engagement für seine Mannen. Angeblich habe der Kapitän dem Rat der Stadt Hamburg das Versprechen abgenommen, alle Mitglieder seiner zum Tode verurteilten Mannschaft, an denen er nach der Enthauptung noch vorbeigehen könne, mit der Freiheit zu belohnen. Es heißt, die Herren hätten hinterher nichts Besseres zu tun gehabt, als ihr Gelöbnis zu brechen. Diese und andere Geschichten lassen sich während der Störtebeker Festspiele in Ralswiek auf der Insel Rügen miterleben. Auf einer der größten Freilichtbühnen Europas bieten Hunderte Schauspieler mit Dutzenden Pferden und Schiffen ein actiongeladenes Bühnenspektakel, das in einem fulminanten Feuerwerk endet. Wer will, kann vor der 20-Uhr-Veranstaltung der Adlershow einen Besuch abstatten – atemberaubende Flugmanöver von Bussarden und Falken inklusive.

Das Störtebeker Camp mit 60 Stellplätzen ermöglicht Urlaubsgenuss in unmittelbarer Nähe zu den Festspielen. Zur Wahl stehen sonnige und schattige parzellierte Komfortplätze. Frische Brötchen gibt es im Gästehaus, alternativ kann man dort mit einem reichhaltigem Frühstücksbuffet in den Tag starten. Ein Restaurant bietet gutbürgerliche Küche in stilvollem Ambiente.

Der flache Natursandstrand ist nur 250 Meter entfernt. Hier können Boote ausgeliehen werden und man kann segeln, surfen oder kiten.

Störtebeker Festspiele · Am Bodden 100 · 18528 Ralswiek
Tel. 03838/311 00 · stoertebeker.de · GPS: 54.475716, 13.446619
Störtebeker-Camp · Waldstr. 59a · 18528 Lietzow · Tel. 038302/21 66
lietzow.net · GPS: 54.484615, 13.510347

↑ Die Störtebeker Festspiele sind ein jährlich stattfindendes Event.

↓ Alles live: beeindruckende Stunts und harte Kämpfe

↑ Schloss Schwerin zählt 15 Türme, der höchste misst 75 Meter.

↓ »Natur pur« auf mehr als 18 Hektar

5 Ein Schloss wie Zuckerguss

MECKLENBURG-VORPOMMERN GEHÖRT mit seiner Ostseeküste und der Mecklenburgischen Seenplatte zu den beliebtesten Reisezielen Deutschlands. Absolut sehenswert ist Schwerin, dessen historische Altstadt vollständig erhalten ist. Umgeben von mehr als zehn Seen, ist die Landeshauptstadt durch Wasser und Grün geprägt. Das auf einer vorgelagerten Insel befindliche Schloss bietet eine beeindruckende Kulisse, die einen mehr als einmal auf den Kameraauslöser drücken lässt. Egal, wo man sich in der Stadt bewegt, es ist fast von überall aus zu sehen. Jahrhundertelang die Residenz von Herzögen und Großherzögen, ist das Schloss heute Sitz des Landtags. Mit seinen 600 herrschaftlichen Zimmern dient es nicht nur Regierungsgeschäften, es beherbergt auch ein Museum. Auf mehreren Etagen können Besucher den Thronsaal, Gemälde und Kunsthandwerk verschiedener Epochen besichtigen. Auch der imposante Schlossgarten ist einen Besuch wert. Für zahlreiche Veranstaltungen bietet er einen würdigen Rahmen.

Mit einer Fläche von rund 60 Quadratkilometern ist der Schweriner See der zweitgrößte See Norddeutschlands. Im Sommer ein herrlicher Ort zum Baden und Schwimmen! Auch für Wassersportler und Angler bietet das Gewässer zahlreiche Möglichkeiten. Die wohltuende Natur lässt sich auf den vielen Wanderwegen am besten genießen. Genau hier liegt der Ferienpark Seehof. Mit einem beeindruckenden alten Baumbestand und mehr als 18 Hektar »Natur pur« bietet der Campingplatz alles, was es für entspannte Stunden braucht – und das 100 Prozent klimaneutral! Großzügige Stellplätze zwischen 60 und 100 Quadratmetern machen es leicht, den passenden Platz fürs eigene Wohnmobil zu finden.

Schloss Schwerin · Lennéstraße 1 · 119053 Schwerin
Tel. 0385/58 84 15 72 · GPS: 53.625027, 11.417835
Ferienpark Seehof · Am Zeltplatz 1 · 19069 Seehof · Tel. 0385/51 25 40
ferienpark-seehof.de · GPS: 53.698548, 11.440683

6 Prima Klima in Bremerhaven

WER LERNEN WILL, MUSS FÜHLEN. So könnte im Klimahaus Bremerhaven das Motto lauten. Das hochmoderne Museum nimmt seine Besucher mit auf eine Reise um die ganze Welt. Entlang des 8. östlichen Längengrades macht man dabei auf fünf Kontinenten in acht Ländern Halt, um sich mit den jeweiligen Klimabedingungen und deren Auswirkungen beschäftigen zu können. Das Museum macht ernst: Wer hier nur leicht bekleidet aufkreuzt, wird schnell eine Sinneserfahrung der ganz besonderen Art machen. Für »Sardinien« mit seiner Mittelmeersonne mag man mit Shorts und Badelatschen durchaus adäquat ausstaffiert sein. Die wohltemperierte Eiswüste der »Antarktis« verlangt ganz sicher nach mehr textilem Einsatz. Zwischen minus 6 und plus 35 Grad Celsius reicht die Spanne der dargebotenen Temperaturen. Zu jedem Ort wird ausführlich über die Veränderungen des Klimas und ihre Folgen für die Menschen referiert. Das Ausstellungshaus versteht sich als Lernort, der Wissen zu diesem hochaktuellen Thema erlebbar macht. Dabei behält die Ausstellung stets ihren Erlebnischarakter. Und immer daran denken: Es gibt kein schlechtes Wetter, es gibt nur falsche Kleidung.

Wer zentral stehen möchte, ist auf dem Gelände vom Havenhostel Bremerhaven gut aufgehoben. Das Havencamp liegt direkt im Herzen der Stadt mit Blick auf die größten Schiffe der Welt. Es bietet 20 Stellflächen für 20 Wohnmobile, die sanitären Einrichtungen sind in zwei Containern untergebracht. Zusätzliche Leistungen wie Brötchenservice, Frühstücksbuffet, Spielverleih oder Waschmaschine stehen im Hotel zur Verfügung. Ein Supermarkt befindet sich gegenüber, die Restaurant-Meile ist etwa einen Kilometer entfernt.

Klimahaus Bremerhaven 8° Ost · Am Längengrad 8 · 27568 Bremerhaven
Tel. 0471/902 03 00 · klimahaus-bremerhaven.de
Havencamp · Bürgermeister-Smidt-Straße 209 · 27568 Bremerhaven
Tel. 0471/309 66 90 · havencamp.de · GPS: 53.559625, 8.567042

↑ Der Alte Hafen bei Nacht
↓ Shopping, Kultur und die See – alles direkt vor der Wohnmobiltür

↑ Ein Wal? Eine Muschel? Oder ein Ufo? Das Universum wirft Fragen auf.

↓ Großzügige Stellflächen mit moderner Infrastruktur

7 Mensch, Technik und Natur

EIN ERDBEBEN AUF DER COUCH ERLEBEN, und das alles ganz entspannt geschehen lassen? Endlich mal klären, wer in der Familie wirklich multitaskingfähig ist? Ein eigenes Musikstück komponieren oder Eiskristallen beim Wachsen zusehen? Alle, denen diese und ähnliche Phänomene interessant erscheinen, sind im Universum bestens aufgehoben. Das Science Center diesen Namens befindet sich in Bremen. Mit 40 000 Edelstahlschindeln bedeckt, erinnert das Gebäude an eine Mischung aus Wal und Muschel und beherbergt Ausstellungen zu den Schwerpunkten Mensch, Technik und Natur. Dabei geht das Mitmachmuseum vielen Fragen auf den Grund und lädt Klein und Groß dazu ein, sich an den verschiedenen Stationen selbst auszuprobieren. Naturkundliche Zusammenhänge und wissenschaftliche Gesetze werden an über 300 Exponaten anschaulich dargestellt und spielerisch vermittelt. Im Außenbereich kann man den »Turm der Lüfte« besteigen, sich mit der Messung der Windstärke beschäftigen und ganz nebenbei die Aussicht über Bremen genießen.

»Umme Ecke«, nur zehn Minuten zu Fuß entfernt, liegt HanseCamping. Der Campingplatz begeistert mit großzügigen Stellflächen in grüner Umgebung. Das zentral gelegene, moderne Sanitärgebäude bietet Platz und Komfort für alles rund um Pflege und Hygiene. Wer eine Runde schwimmen möchte, kann dies im Stadtwaldsee tun: Er liegt direkt vor der Wohnmobiltür. Oder man geht um'n Pudding. Dabei muss niemand um seinen Klapptisch laufen. Der Bremer meint damit einen kurzen Spaziergang – zum Beispiel rund um den See. Die sechs Kilometer entfernte Bremer Innenstadt lässt sich gut mit dem Fahrrad oder dem ÖPNV erreichen.

Universum · Wiener Straße 1a · 28359 Bremen · Tel. 0421/334 60
universum-bremen.de · GPS: 53.105703, 8.847299
HanseCamping Bremen · Hochschulring 1 · 28359 Bremen
Tel. 0421/30 74 68 25 · hansecamping.de · GPS: 53.114837, 8.832140

8 Schauplatz einer Schlacht

IM OSNABRÜCKER LAND soll im Jahre 9 nach Christus die Varusschlacht stattgefunden haben. Jener mehrtägige Kampf, der das Ende der römischen Expansion in Germanien einläutete. Etwa ein Achtel der Legionäre des Römischen Reichs sollen dabei dem Feind zum Opfer gefallen sein.

Jahrhundertelang war man sich über den Ort des germanischen Hinterhalts im Unklaren. Es gab diverse Thesen, doch keine konnte endgültig belegt werden. Bis 1987 ein englischer Amateur-Archäologe, der mit einem Metalldetektor unterwegs war, verschiedene Funde nahe Kalkriese machte. Endlich gab es stichhaltige Beweise dafür, dass römische Truppen in dieser Region gekämpft hatten. Der englische Finder wurde geehrt: In Deutschland verlieh man ihm das Bundesverdienstkreuz und Queen Mum machte ihn zum »Member of the Order of the British Empire« – was das Gewicht seines Fundes verdeutlicht. Museum und Park Kalkriese stellen den Stand der wissenschaftlichen Erkenntnisse dar, zeigen Fundobjekte und erinnern an die Kontrahenten von einst. Die Arbeit der Altertumsforscher kann im Park live miterlebt werden.

Auf eine wohltuende Zeitreise gehen Erholungssuchende in der germanischen Wellness-Welt des Alfsee Ferien- und Erlebnisparks. Hier ließen sich die Betreiber bei der Gestaltung des Saunalands von der sagenhaften Welt der Germanen inspirieren. Ganzjährig geöffnet, steht das Wohnmobil im »Sternengarten« zwischen hohen Hecken und schattenspendenden Bäumen, im »Sonnengarten« campt man auf großzügigem, sonnengeflutetem Gelände. Der Campingplatz gehört zu den besten Adressen im Land.

Museum und Park Kalkriese · Venner Str. 69 · 49565 Bramsche
Tel. 05468/920 40 · kalkriese-varusschlacht.de
GPS: 52.405397, 8.131178
Alfsee Ferien- und Erlebnispark · Am Campingpark 10 · 49597 Rieste
Tel. 05464/921 20 · alfsee.de · GPS: 52.485645, 7.990555

↑ Das Germanenland am Alfsee versetzt in eine andere Welt.
↓ Entspannung im Osnabrücker Land

↑ Ein Flohmarktbesuch macht das Leben bunter.

↓ Wer mag, campt direkt am See – mit wunderschönem Ausblick.

9 Caroline, Charlotte & Sophie

»ALLE MACHT DEN NANAS«, SKANDIERTE EINST Niki de Saint Phalle (1930–2002), weltbekannte Schöpferin der überbordend weiblichen Figuren. Mit den Mitteln der Pop-Art griff sie damit der Frauenbewegung vor, wurde zum Politikum und kämpfte gegen das tradierte Rollenbild der Frau. Längst nicht jeder war damit einverstanden, als 1974 drei knallbunte Skulpturen der französisch-schweizerischen Malerin und Bildhauerin ihren Weg nach Hannover fanden. »Ekelhafte Scheußlichkeiten«, »Kulturschande«, »Umweltverschmutzung« – es hagelte viel Kritik in den Leserbriefen an die Hannoversche Allgemeine Zeitung.
Sophie, Charlotte und Caroline: Heute gehören die auf der Uferpromenade aufgestellten Vollweiber zu den beliebtesten Fotomotiven der Stadt. Sie bilden den Auftakt der Skulpturenmeile Hannover und sind längst akzeptierter Bestandteil der Alltagskultur. Lässt es sich einrichten, empfiehlt sich der Besuch an einem Samstag. Denn dann lässt sich auf Deutschlands ältestem Flohmarkt zwischen den üppigen Damen nach Schnäppchen suchen.
In etwa zehn Kilometer Entfernung zur Metropole Hannover liegt der Camping Arnumer See inmitten idyllischer Natur. Verschiedene Campingbereiche – Westcamp, Südcamp, Forellenweg und Messecamp – ermöglichen es, den Aufenthalt nach eigenen Wünschen perfekt zu gestalten. Ob abgelegen auf einer Halbinsel Ruhe und Natur pur genießen oder in einer Bucht mit idyllischem Ausblick campen – hier findet jeder seine passende Ecke. Wer mag, steht mit dem Wohnmobil direkt am Wasser. Stromanschluss, gepflegte sanitäre Anlagen und kostenloses WLAN lassen keine Wünsche offen. Für Familien ist ein Spielplatz in der Nähe.

Nanas · Leibnizufer · 30159 Hannover · GPS: 52.372209, 9.730041
Camping Arnumer See · Osterbruchweg 5
30966 Hemmingen (OT Arnum) · Tel. 05101/35 34
camping-hannover.de · GPS: 52.301628, 9.747663

10 Ein Ort der Lebensfreude

ALLJÄHRLICH ÜBER FRONLEICHNAM präsentiert sich Schloss Bückeburg seinen Besuchern mit einer ausgelassenen Landpartie. Wer das imposante Schlossportal durchschreitet, gelangt geradewegs in andere Sphären: Rund zweihundert Aussteller, Aufführungen der Fürstlichen Hofreitschule sowie unterhaltsame Musikdarbietungen sorgen in der weitläufigen Parkanlage für echte Weser-Romantik. Festlich geschmückt, lädt das historische Gemäuer mit seinem weitläufigen Park zum Flanieren und Verweilen ein.
Die alte Residenzstadt Bückeburg ist Stammsitz derer zu Schaumburg-Lippe. Die siebenhundertjährige Familiengeschichte – in den Prunkräumen des Schlosses gekonnt in Szene gesetzt – bietet zu jeder Jahreszeit faszinierende Einblicke in die Welt des deutschen Hochadels.

Idyllischer Park mit einzigartigem Ambiente

Im Westen der Grünanlage gibt es ein architektonisches Kleinod zu entdecken: die größte private Fürstengruft der Welt. Dank goldener Mosaikkuppel kommt hier so mancher Betrachter aus dem Staunen nicht mehr raus. Wer gern im Winter unterwegs ist: Der »Weihnachtszauber« von Schloss Bückeburg ist weit über die Region hinaus beliebt.

Nur wenige Gehminuten entfernt liegt ein gebührenpflichtiger, ganzjährig geöffneter Stellplatz. Umgeben von altem Baumbestand, gibt es Platz für 20 Wohnmobile. Frischwasser, Strom und eine Grauwasserentsorgung sind vorhanden. Bezahlt wird am Parkscheinautomaten. Das Stadtzentrum ist zu Fuß erreichbar. Es besteht die Möglichkeit, noch andere Sehenswürdigkeiten zu besuchen, wie z. B. die Stadtkirche oder das Hubschraubermuseum.

Schloss Bückeburg · Schloßplatz 1 · 31675 Bückeburg
Tel. 05722/95 58 30 · schloss-bueckeburg.de
Wohnmobilstellplatz am Schloss Bückeburg · Reitweg · 31675 Bückeburg
Tel. 05722/955 80 · GPS: 52.258197, 9.047332

Der Stellplatz liegt am Rande des Schlossparks.

↑ Der Campingplatz am Birkensee hat viele Stellplätze im Uferbereich.

↓ Back to Basics: Camping an der Wassermühle

11 Ein Geschenk mit 160 Zimmern

GEORG V., DER LETZTE KÖNIG von Hannover, schenkte seiner Frau zum 39. Geburtstag einen Berg. Er verfügte, dass dieser »hierfüro den Namen Marienberg führe und dass auf diesem Platze für Ihre Majestät die Königin eine Burg, genannt Marienburg, zum Sommersitz erbaut werde«. Zehn Jahre später, das Schloss war fast fertig, konnte Namensgeberin Marie endlich einziehen. Doch die Freude währte nur kurz, dann musste sie ihrem Gatten ins Exil nach Österreich folgen. Als Privatbesitz der Königin wurde Schloss Marienburg nach der Annexion des Königreiches Hannover nicht enteignet. Es blieb bis 2020 Privateigentum des früheren welfischen Königshauses. Inzwischen kümmert sich eine Stiftung um das Kulturdenkmal von nationaler Bedeutung. Das Schloss mit seinem Rittersaal, dem Wohnzimmer der Königin, der königlichen Bibliothek, der Kapelle und der Küche stellt ein beachtliches Zeugnis der Geschichte dar und ist eine viel besuchte Sehenswürdigkeit mit einem reichhaltigen gastronomischen Angebot. In der Nebensaison ist Schloss Marienburg nur im Rahmen einer Führung zu besichtigen. In der Hauptsaison zwischen April und Oktober darf man auf eigene Faust losziehen. Vielleicht lässt sich dann die Frage klären, was König Georg seiner Gemahlin zum Vierzigsten geschenkt hat. Am Ortsrand von Koldingen findet sich ein privater, gebührenpflichtiger Stallplatz auf einer Wiese. Es gibt Strom und Frischwasser sowie eine Grauwasserentsorgung. Ein ÖPNV-Anschluss ist in der Nähe. Wem der Komfort fehlt oder die Zufahrt zu steil und die Straße zu laut sind, weicht auf den Birkensee in Laatzen oder den Arnumer See in Hemmingen (Seite 24) aus.

Schloss Marienburg · Marienberg 1 · 30982 Pattensen
Tel. 05069/34 80 00 · schloss-marienburg.de
GPS: 52.175423, 9.766308
Wohnmobilstellplatz an der Wassermühle · Rethener Straße 1
30982 Pattensen · Tel. 0172/987 69 69 · GPS: 52.273034, 9.792861

12 Ein Stück Norwegen im Harz

DRACHENKÖPFE UND SCHLANGENSYMBOLE an einem Gotteshaus in Deutschland? Gibt es! Auf einer Lichtung nahe Goslar steht eine Stabkirche – und so mancher Besucher wähnt sich urplötzlich in Norwegen. Normalerweise findet man derlei Holzkirchen in Skandinavien. Dort wurden sie vor allem in der Zeit der Christianisierung erbaut. Die Gustav-Adolf-Stabkirche stammt jedoch aus den Jahren 1907/08. Karl Mohrmann, der mit dem Bau beauftragte Architekt, war Fan norwegischer Baukunst. Größer als ihr Vorbild, die Borgund stavkyrkje in der norwegischen Provinz Vestland, ist die Stabkirche Hahnenklee in ihrer Bauweise und Ausstattung einzigartig unter Deutschlands Kirchenbauten. Charakteristisches Merkmal von Stabkirchen sind senkrecht stehende Holzpfähle, auf denen die Dachkonstruktion ruht. So gewinnt man den Eindruck, man befände sich in einem umgedrehten Wikingerschiff. Musikliebhaber lauschen gern dem Spiel des Carillon – ein imposantes Turmglockenspiel von zweieinhalb Tonnen Gewicht –, das mit Händen und Füßen über einen Stockspieltisch bedient wird. Neben Gottesdiensten und Lesungen, sind es vor allem Konzerte, die Besucher in Strömen anreisen lassen.
In unmittelbarer Nähe befindet sich ein gebührenfreier Stellplatz für zehn Wohnmobile, der das ganze Jahr über angefahren werden kann. Lediglich die Kurtaxe ist zu entrichten. Es gibt Frischwasser sowie eine Entsorgung. Hunde sind erlaubt. Wer Zeit hat, kann den Liebesbankweg gehen. Am »Tor der Liebe« geht's los. Endpunkt der Rundwanderung ist die Stabkirche, von der es nur noch wenige Meter bis zum Wohnmobil sind.

Stabkirche Hahnenklee · Professor-Mohrmann-Weg 1
38644 Goslar (OT Hahnenklee) · Tel. 05325/23 78 · stabkirche.de
Stellplatz an der Stabkirche · Am Bocksberg
38644 Goslar (OT Hahnenklee) · Tel. 05325/510 40 · hahnenklee.de
GPS 51.857104, 10.342925

↑ Gebaut aus Fichtenholz, das am nahen Bocksberg geschlagen wurde
↓ Übernachtungsmöglichkeit am Ortsrand von Hahnenklee

↑ Besucher erleben die Gelassenheit eines historischen Ortes.
↓ Lieblingsplatz mit Fernblick in die Weite der märkischen Landschaft

13 Glücksmomente mit historischem Flair

»DIE HOHEN HIMBEERWÄNDE TRENNEN dich und mich, doch im Laubwerk unsre Hände fanden von selber sich.« So beginnt das 1895 entstandene Gedicht »Im Garten«. Auch wenn dessen Verfasser Theodor Fontane nie das Gutshof-Ensemble in Rauschendorf besucht hat, kann man sich im Fontane-Garten doch wunderbar in die Zeit von damals hineinträumen. Es fällt leicht, sich den bedeutendsten deutschen Vertreter des literarischen Realismus vorzustellen, wie er durch die vielgewundene Lindenallee wandert.
Angelegt als Zuwegung des Schlosses Rauschendorf, steht die Allee inzwischen unter Naturdenkmalschutz. Das Schloss hat seinen Glanz eingebüßt, der Fokus liegt heute auf einer Bauernkate von 1850 – der ehemaligen Heimstätte des Schlossgärtners. Sie bildet das Herzstück des Fontane-Gartens. Sieben der altehrwürdigen Linden gehören mit zum Anwesen von Michael Haddenhorst und seiner Frau Isabel. Gut geschützt von einer historischen Feldsteinmauer, ist der 8000 Quadratmeter große Privatgarten ein Wohlfühlort. Er bietet Geborgenheit bei gleichzeitigem Fernblick in unberührte Natur. Neu angelegte Sichtachsen lassen das Gefühl aufkommen, sich in einem von Lenné gestalteten Landschaftspark aufzuhalten. Wenn im Frühling der Garten zu neuem Leben erwacht, lassen sich hier zu Hunderten Kraniche beobachten. Regelmäßig werden literarische und musikalische Aufführungen geboten.
Der Fontane-Garten bietet auch Stellplätze für Campervans. Die Zufahrt erfolgt durch ein enges Tor und ist auf Fahrzeuge von maximal 1,95 Meter Breite beschränkt. Im Gartencafé gibt es zum Wochenende köstliche Speisen und Getränke. Keine Ver- und Entsorgung. Eine Toilette sowie eine Waschgelegenheit sind vorhanden. Geöffnet von Mai bis September. Eine Voranmeldung ist notwendig.

Fontane-Garten · Hauptstraße 7 · 16775 Sonnenberg
Tel. 0175/402 69 90 · fontane-garten.de
GPS: 53.031448, 13.113716

14 Ein fast vergessener Ort

DAS 45 METER HOHE, weithin sichtbare Riesenrad war das Wahrzeichen des Spreeparks – des einzigen Freizeitparks der Deutschen Demokratischen Republik. Nach der Wende wurde er westlichen Standards angepasst, allerdings konnte das neue Geschäftsmodell nicht dauerhaft überzeugen. Der Spreepark hatte besonders ab 1999 mit wirtschaftlichen Schwierigkeiten zu kämpfen. Auf die Insolvenz folgte die Schließung und eine Odyssee, die bis heute andauert. Was in der Zwischenzeit entstanden ist, ist ein Ort mit besonderer Aura: Der einstige Vergnügungspark wurde zu Berlins wohl berühmtestem Lost Place. Die verwilderten, halb zerfallenen Fahrgeschäfte – mit so niedlichen Namen wie Bummi, Brummel oder Pirat – geben erstaunliche Einblicke in sozialistische Kinderfreuden. Mit dem deutsch-deutschen Blick betrachtet und einem Faible für technisches Gerät der 70er-Jahre kann man sich dem Charme dieses Ortes kaum entziehen. Da Achterbahn und andere Gebäude einsturzgefährdet sind, kann der Spreepark derzeit nur in geführten Touren besichtigt werden.

Der Campingplatz am Mahlower See liegt am südlichen Stadtrand von Berlin und etwa 20 Kilometer südwestlich vom Spreepark. Großzügige Stellflächen, moderne Sanitäranlagen, Kiosk, Restaurant und Terrasse sorgen für eine gute Zeit. Das Gelände wird durch noch junge Bäume und Büsche aufgelockert. Es gibt einen kleinen Teich. Ein großer Pluspunkt ist die gute Anbindung ans Berliner Nahverkehrsnetz. Einziger Wermutstropfen: Der Lärm vom nahe gelegenen Flughafen Berlin Brandenburg »Willy Brandt« (BER) könnte die ländliche Idylle ein wenig stören.

Spreepark · Kiehnwerderallee 1–3 · 12437 Berlin · Tel. 030/700 90 67 10
spreepark.berlin · GPS: 52.483631, 13.491729
Campingplatz am Mahlower See · Teltower Straße 34
15831 Blankenfelde-Mahlow · Tel. 03379/312 89 20
camping-bei-berlin.de · GPS: 52.364481, 13.375512

↑ Der stillgelegte Park strahlt einen morbiden Charme aus.
↓ Camping in ländlicher Idylle am südlichen Stadtrand von Berlin.

↑ Die berühmte Gartenansicht von Sanssouci mit den Weinbergterrassen
↓ Vor den Toren Berlins genießt man Natur und Stadt gleichermaßen.

15 Preußens Glanz und Potsdams Glamour

POTSDAM GLÄNZT MIT DEM ROKOKOJUWEL Schloss Sanssouci, der ehemaligen Sommerresidenz der preußischen Könige und deutschen Kaiser. Ohne Sorgen – nach diesem Motto lässt sich hier im rund 300 Hektar großen Park flanieren. Damit wandeln die Besucher auf den Spuren Friedrich des Großen, der ein wahrer Liebhaber des Schlosses gewesen sein soll. Im 18. Jahrhundert erbaut, gilt es als Hauptwerk des Rokoko in Deutschland und vermittelt zusammen mit seinen weitreichenden Gärten einen Eindruck von der ehemaligen Pracht und dem Reichtum deutscher Herrscherhäuser. Insbesondere in den Sommermonaten bieten sich die Gartenanlagen für einen entspannten und glücklichen Tag in der herrlich arrangierten Natur an. Neben dem Schloss und den Gärten lohnt auch die Bildergalerie einen Besuch. Das Ensemble gehört seit 1990 zum UNESCO-Welterbe und wird wegen seiner kunsthistorischen Bedeutung auch »preußisches Versailles« genannt.
Wer noch etwas Zeit hat: Der Potsdamer Stadtteil Babelsberg beherbergt Deutschlands wichtigstes Filmstudio. Hier wurde unter anderem »Babylon Berlin« gedreht.
Der Königliche Campingpark Sanssouci liegt direkt am Templiner See – nur wenige Kilometer vom Schloss Sanssouci und dem Zentrum Potsdams entfernt.
Je nach Lage sind die Standplätze sonnig bis schattig. Viele bieten einen schönen Blick aufs Wasser, jedoch ist zum Schutz der Natur kein direkter Zugang möglich. Hierfür sind die Badestellen und Bootseinlassstellen vorgesehen. Das kulinarische Angebot überzeugt, Einkaufsmöglichkeiten sind am Platz vorhanden.

Schloss Sanssouci · Maulbeerallee · 14469 Potsdam
Tel. 0331/969 42 00 · spsg.de
Königlicher Campingpark Sanssouci · An der Pirschheide 41
14471 Potsdam · Tel. 0331/951 09 88 · camping-potsdam.de
GPS: 52.361813, 13.007416

16 Zwischen Himmel und Hölle

DER TEUFELSBERG HAT EINE ERSTAUNLICHE Vergangenheit. Ursprünglich sollte an dieser Stelle die Wehrtechnische Fakultät der neuen Welthauptstadt Germania stehen – was dann die Geschichte glücklicherweise klärte. Später wurde hier der Schutt, der im Zweiten Weltkrieg durch die Bombardierung der Stadt entstanden war, entsorgt. Der Teufelsberg ist heute mit 120,1 Meter die zweithöchste Erhebung in Berlin. In Zeiten des Kalten Krieges nutze die National Security Agency das Gelände, um bis tief ins Feindesland hineinzuhorchen. Als das mit der Wiedervereinigung ein Ende fand, gab es noch ein kurzes Zwischenspiel nichtmilitärischer Verwendung für die zivile Luftraumüberwachung. All das ist inzwischen Geschichte, das Areal liegt brach. Und so nagt der Zahn der Zeit am ehemaligen Abhörgebäude mit seinen fünf Antennenkuppeln, das ehedem so streng geheim war. 2018 unter Denkmalschutz gestellt,

Wie aus einer anderen Welt wirken die verfallenen Gebäude.

wird das Gelände dank seiner morbiden Ausstrahlung gerne als Eventlocation oder für Kino- und Musikproduktionen genutzt. Sehenswert sind die bis zu 270 Quadratmeter großen Graffitis auf den Bauten. Führungen finden wöchentlich statt. Der Berg bietet eine grandiose Aussicht auf die Millionen-Metropole sowie das Naturschutzgebiet Grunewald.

Auf einer Halbinsel direkt am Wasser gelegen, präsentiert sich Hotel und City Camping Nord in traumhafter Lage. Dank altem Baumbestand lässt sich immer ein schattiges Plätzchen finden. Von Mai bis September ist der Biergarten geöffnet. Für einen abendlichen Bummel bietet sich die Spandauer Altstadt mit ihren Restaurants, Cafés und Kulturangeboten an. Nur sieben Gehminuten bis zum ÖPNV. Die Zufahrt ist eng und für Dickschiffe ungeeignet.

Teufelsberg mit US-Abhörstation · Teufelsseechaussee 10 · 14193 Berlin
teufelsberg-berlin.de · GPS: 52.493932, 13.238366
Hotel und City Camping Nord · Gartenfelder Str. 1 · 13599 Berlin
Tel. 030/33 50 36 33 · city-camping-berlin.de
GPS: 52.548682, 13.256230

Im Biergarten sitzt man unmittelbar am Wasser.

↑ Ein Labyrinth aus urigen Wasserwegen lässt prima abschalten.
↓ Mitten im Spreewald gelegen, dennoch nicht weit bis zur Altstadt

17 Leben wie anno dazumal

INSBESONDERE JUNGE MENSCHEN können es manchmal gar nicht glauben, aber es gab schon Leben auf diesem Planeten, bevor das Internet und andere technische Errungenschaften unseren Alltag dominierten. Im Freilandmuseum Lehde kann man sich darüber informieren, wie dieser Alltag vor über hundert Jahren ausgesehen hat und was für die Menschen im Spreewald damals wichtig war. Anhand echter Gehöfte können sich die Besucher mit den verschiedenen Fertigkeiten der Spreewälder im 19. Jahrhundert vertraut machen. Blaudruck, Korbflechterei, Töpfern und natürlich auch die bekannten Gurken sind die Dinge, um die sich das Leben einst drehte. Wie lebte so eine Großfamilie in einem Raum? Und was muss man sich unter einem Spreewälder Familienbett vorstellen? Natürlich kann man auch selbst Hand anlegen und sich im Melken üben oder Holzschuhe überziehen. Zu bestimmten Terminen, meist an Feiertagen, lassen die Spreewälder altes Handwerk auferstehen und demonstrieren live die traditionellen Fertigkeiten. Spreewald-Natur-Camping Am Schlosspark ist der perfekte Ausgangspunkt für alle, die gern viel unternehmen wollen. Die Lage am Hauptfließ der Spree ermöglicht einen direkten Bootseinsatz, Kanus in allen Größen können an der Rezeption ausgeliehen werden. Man sollte unbedingt vorher reservieren, denn der Platz ist sehr beliebt. Bis zur Lübbenauer Altstadt sind es gut fünf Minuten zu Fuß. Das denkmalgeschützte Spreewalddorf Lehde ist nur einen Steinwurf entfernt und kann auf dem Land- oder Wasserweg erreicht werden.

Freilandmuseum Lehde · An der Giglitza 1a
03222 Lübbenau (Spreewald) · Tel. 03573/870 24 40
museums-entdecker.de · GPS: 51.862546, 13.991064
Spreewald-Natur-Camping Am Schlosspark · Schloßbezirk 20
03222 Lübbenau (Spreewald) · Tel. 03542/35 33
spreewaldcamping-schloss.de · GPS: 51.869907, 13.980285

18 111 Tonnen rostfarbener Stahl

DER »ROSTIGE NAGEL« ist eine recht neue Sehenswürdigkeit. Zu finden ist die Landmarke Lausitzer Seenland an der Einmündung zum Sedlitzer See. Der Name rührt von der Patina – die rotbraune Farbe wurde durch Verwendung von Cortenstahl erreicht und soll an Tagebaumaschinen erinnern.

Wo früher ganze Dörfer dem Bergbau weichen mussten, wird seit Anfang 2000 an einer Wandlung zur Naturlandschaft gearbeitet. Der Rostige Nagel steht symbolisch für den Aufbruch der ehemaligen Tagebauregion in eine neue Zukunft. Die Gruben werden mit Wasser aufgefüllt, man wird unweigerlich Zeuge der Transformation. Wer die Aussichtsplattform in rund 30 Metern Höhe erklimmen möchte, sollte gut zu Fuß sein. Es gibt keinen Aufzug. Insgesamt 162 Stufen gilt es zu bewältigen. Oben angekommen, wird man mit einem Panoramablick über die neu entstehende Seenplatte belohnt. In der Ferne lassen sich der Großräschener See, der Windpark in Klettwitz sowie die Kraftwerke Schwarze Pumpe und Boxberg ausmachen.

Für Radwanderer stellt der Nagel ein ausgezeichnetes Ausflugsziel dar, man kann ihn gut mit einer Seen-Tour rund um Senftenberg verbinden. Es gibt einen kostenlosen Parkplatz.

Der Ferien & Freizeitpark Geierswalde verfügt über eine Kapazität von etwa 200 sonnigen Stellplätzen auf unparzellierten Rasenflächen. Auf 25 000 Quadratmetern können Wohnmobile jeglicher Größenordnung stehen. Einfach anreisen, anmelden und den Stellplatz selbst auswählen. Der Badestrand des Geierswalder Sees liegt nur eine Fußminute entfernt.

Rostiger Nagel – Landmarke Lausitzer Seenland · 01968 Senftenberg
Sornoer Kanal · GPS: 51.526474, 14.099535
Ferien & Freizeitpark Geierswalde · Promenadenweg 1–3
02979 Elsterheide (OT Geierswalde) · Tel. 0174/901 26 58
geierswaldersee.de · GPS: 51.495502, 14.132928

Ein Stahlriese als weithin sichtbares Ausflugsziel

↑ Die Gestalt des Komplexes erfasst nur, wer um den Bau herumgeht.

↓ Stellplatz mit umfangreicher Ausstattung in bester Lage an der Elbe

19 Ikonen der Architektur

URLAUBER, DIE DIESEN ORT besucht haben, besuchten auch ...
Das Bauhaus ist an vielen Orten der Welt erlebbar. Doch in Dessau hat die von Walter Gropius 1919 gegründete Hochschule für Architektur und angewandte Kunst am längsten gewirkt. Hier wurde Stilgeschichte geschrieben. Nach dem Motto »Design ist für alle, alles ist Design« wurden Architektur, Kunst und Handwerk miteinander vereint.

Viele Bauhaus-Bauten zählen heute zu den Ikonen der Architektur des 20. Jahrhunderts. Sie alle vereint ihr unverkennbarer Stil: klare Formen und Funktionalität. Meilensteine sind das 1926 eröffnete Bauhausgebäude oder die Dessauer Meisterhäuser – alle nach Gropius' Entwürfen erbaut. Egal ob Kornhaus, Bauhaussiedlung Törten mit Konsumgebäude, Laubenganghäuser und Stahlhaus oder Historisches Arbeitsamt: Es ist schwer zu glauben, dass die modern anmutenden Gebäude knapp 100 Jahre alt sein sollen.

Gerade einmal 14 Jahre existierte das Bauhaus – dann wurde die Hochschule durch die Nationalsozialisten 1933 zur Selbstauflösung gezwungen. Heute ist das »Bauhaus Dessau – Zentrum für Gestaltung« wieder ein lebendiger Ort der experimentellen Gestaltung, Forschung und Lehre.

Von Dessau fährt man rund 20 Minuten zum Reisemobilstellplatz Coswig. Der gebührenpflichtige Stellplatz bietet Platz für 60 Wohnmobile. An einer Marina gelegen, steht man auf überwiegend ebenem, teilweise schattigem Gelände. Das Zentrum von Coswig ist zu Fuß erreichbar. Der Platz bietet eine gute Infrastruktur: Brötchenservice, Restaurant, Imbiss und Biergarten, Bike-Verleih, Gasflaschenservice, Strom und Dusche. Es gibt eine Ver- und Entsorgung.

Bauhaus Dessau · Gropiusallee 38 · 06846 Dessau-Roßlau
bauhaus-dessau.de
Reisemobilstellplatz Coswig · Elbstr. 19 · 06869 Coswig
marina-coswig.de · GPS: 51.880955, 12.436956

20 Stadt aus Eisen

DER EIMERKETTENBAGGER MAD MAX, der Schaufelradbagger Big Wheel, der Raupensäulenschwenkbagger Mosquito sowie die Absetzer Gemini und Medusa: Nach der Stilllegung des Tagebaus im Jahre 1991 entstand auf dem Braunkohleabbaugebiet Golpa Nord in Gräfenhainichen unter Einbeziehung der verbliebenen Großgeräte ein Industriemuseum von überwältigenden Ausmaßen. Technikbegeisterten stockt garantiert der Atem, wenn sie zum ersten Mal die Halbinsel ansteuern. Alle anderen ergreift zumindest die Ehrfurcht beim Anblick der stillgelegten Bergbaugeräte. Doch die tonnenschweren Giganten lassen sich nicht nur besichtigen, man kann sie teilweise auch besteigen. Energie und Technik, eingerahmt von den tiefblauen Wassern des neu geschaffenen Gremminer Sees: Ferropolis ist eines der außergewöhnlichsten Ausflugsziele in Deutschland.

In der 30kV-Station, der ehemaligen Stromversorgung, sind neben einem Teil der originalen Schaltwarte auch eine Ausstellung zur regionalen Bergbaugeschichte sowie zum im Abraum aufgefundenen Skelett eines urzeitlichen Waldelefanten zu sehen. Es ist nicht weiter verwunderlich, dass in solcher Kulisse regelmäßig Veranstaltungen stattfinden. Ob exklusive Events, außergewöhnliche Firmenveranstaltungen oder internationale Festivals: Die Ferropolis-Arena fasst stolze 25 000 Besucher. Es lohnt sich, einen Blick in den Veranstaltungskalender zu werfen.

Duschen, Toiletten, Strom sowie Wasser und eine Entsorgungsstelle sind vorhanden. Sollte das Campen vor Ort einmal nicht möglich sein, ist das Womo-Camp Waldresort eine gute Alternative.

FERROPOLIS – Stadt aus Eisen / Camping Osteria Ferropolis
Ferropolisstr. 1 · 06773 Gräfenhainichen · ferropolis.de
GPS: 51.759933, 12.450032
Womo-Camp Waldresort · Alte Chausseestr. 1 · 06774 Muldestausee
seeresort-groebern.de · GPS: 51.695138, 12.448815

↑ Zwischen Giganten feiern, campen und chillen

↓ Spielplatz mit Traumblick auf den Gröberner See

↑ Besucher halten unweigerlich die Luft an ob der Skurrilitäten.
↓ Burg Giebichenstein liegt nur einen Steinwurf entfernt.

21 Ein barockes Kuriositätenkabinett

DASS SACHSEN-ANHALT über eine reiche Kulturlandschaft verfügt, ist unter Reisefans hinlänglich bekannt. Wem nach den Luthergedenkstätten Eisleben und Wittenberg, dem Naumburger Dom oder den Bauhaus-Gebäuden in Dessau noch nach etwas völlig anderem ist, der macht sich auf nach Halle an der Saale. Die Stadt, die mit ihren Parks und Grünflächen als eine der grünsten Großstädte Deutschlands gilt, beheimatet mit den Franckeschen Stiftungen einen hochinteressanten Komplex aus über 40 Gebäuden. Was vor über 300 Jahren als Armenschule begann, ist heute ein Zentrum für Bildung, Wissenschaft und Kultur.

Der vielleicht absonderlichste Ort ist die Kunst- und Naturalienkammer. Sie gilt als der älteste bürgerliche Museumsraum in Deutschland. Anfang des 18. Jahrhunderts von August Hermann Francke zu Unterrichtszwecken angelegt, spiegelt sie die Anfänge der modernen Biologie wider. Die in Europa einzigartige »Wunderkammer« zeigt in 18 reich verzierten Sammlungsschränken rund 3000 Naturalien, Kuriositäten und volkskundliche Objekte. Eine original Barock-Bibliothek mit 50 000 Exponaten aus der frühen Zeit der Wissenschaft sowie ständig wechselnde Ausstellungen und Workshops sollte man sich ebenfalls nicht entgehen lassen.

Der gebührenpflichtige Wohnmobilstellplatz an der Fährstraße liegt auf einem Parkplatz gegenüber der Burg Giebichenstein und bietet Platz für drei Fahrzeuge. Stadtzentrum und Gastronomie sind zu Fuß erreichbar, ein ÖPNV-Anschluss ist in der Nähe. WC, Frischwasser, Strom und Grauwasser-Entsorgung sind vorhanden. Der Platz ist ganzjährig nutzbar.

Kunst- und Naturalienkammer · Franckeplatz 1, Haus 37
06110 Halle (Saale)
francke-halle.de/de/ausstellung/kunst-und-naturalienkammer
Wohnmobilstellplatz an der Fährstraße · Fährstraße 1 · 06114 Halle (Saale)
GPS: 51.502095, 11.954046

22 Geschichtsträchtige Monumentalität

ETWA 300 000 MENSCHEN BESUCHEN jedes Jahr das Völkerschlachtdenkmal im Südosten von Leipzig – mit 91 Metern Höhe eines der höchsten Denkmäler der Welt und das höchste Europas. Es erinnert an eine der größten Schlachten der Menschheitsgeschichte. Soldaten aus Russland, Preußen, Österreich und Schweden kämpften im Oktober 1813 Seite an Seite gegen die Truppen Napoleons. Ihr Sieg beendete die französische Herrschaft in Deutschland und läutete damit zugleich eine Neuordnung der europäischen Machtverhältnisse ein.

Gewaltig ist nicht nur das Bauwerk – gewaltig waren auch dessen Baukosten: sechs Millionen Mark – nach heutigem Wert etwa 33 Millionen Euro, finanziert mithilfe von Lotterien. Eingeweiht wurde das Völkerschlachtdenkmal 100 Jahre nach dem denkwürdigen Gefecht: am 18. Oktober 1913.

Beeindruckende 68 Meter misst die weithin sichtbare Reiterkuppel.

Im Inneren hat man eine Akustik, die ihresgleichen sucht: Der Nachhall der Kuppelhalle kann bis zu zehn Sekunden betragen. So trifft es sich, dass der profilierte Denkmalchor unter Einbeziehung der verschiedenen Ebenen die Möglichkeiten des Raumklangs nutzt. Weitere Konzerte, z. B. im Rahmen des Wave-Gotik-Treffens zu Pfingsten, haben viele Fans. Exponate aus der Zeit um 1800 sowie ein Diorama mit rund 3000 Figuren zeigt das Forum 1813. Etwa elf Kilometer sind es bis zum KNAUS Campingpark Leipzig-Auensee – idyllisch gelegen inmitten des Auenwalds. Dank der parzellierten Plätze von schattig bis sonnig sollte jeder ein passendes Eck finden. Spielplatz und Sportgelände sorgen für Abwechslung. Am Morgen gibt es frisches Brot. Und wenn die Campingküche kalt bleiben soll, auch ein Restaurant mit einer großen Auswahl an Speisen.

Völkerschlachtdenkmal · Straße des 18. Oktober 100
04299 Leipzig · leipzig1813.de
KNAUS Campingpark Leipzig-Auensee · Gustav-Esche-Straße 5
04159 Leipzig · knauscamp.de/leipzig · GPS: 51.369924, 12.313585

Ein gut eingewachsener Campingplatz im Nordwesten Leipzigs

↑ Die Krypta der Klosterkirche wurde im spätromanischen Stil erbaut.

↓ Campingfreiheit am Ufer der Unstrut

23 Des Kaisers Herz

AUCH WENN SICH DAS TOURISMUSMARKETING einen griffigeren Namen hätte ausdenken können: Die Region Saale-Unstrut-Triasland ist ein landschaftliches Highlight. Mittendrin liegt Memleben – mit überschaubaren 700 Einwohnern. Kaum zu glauben, dass sich dort im 10. Jahrhundert legendäre Könige und Kaiser mit ihren Gefolgsleuten ein Stelldichein gaben. Heinrich I. und dessen Sohn Otto I. waren da. Und beide starben auch in Memleben. Ottos Herz wurde dort sogar begraben. Wo genau? Man weiß es nicht. Sein Leib jedenfalls fand im Dom zu Magdeburg die letzte Ruhe. Von der einstigen Kaiserpfalz sind keinerlei bauliche Überreste nachgewiesen. Sie wird überwiegend auf der Burg Wendelstein vermutet. Doch sicher ist man sich auch hier nicht. Von einer Monumentalkirche aus dem 10. Jahrhundert, die Otto I. errichten ließ, stehen noch einige Mauerreste. So der große Eingang zum Querhaus – im Volksmund »Kaisertor« genannt.

Um das Jahr 979 stiftete Otto II. zusammen mit seiner Frau Theophanu ein Benediktinerkloster. Es entwickelte sich durch wohlwollende Förderung der Ottonen zu einer bedeutenden Reichsabtei. Heute sind von der Klosteranlage nur noch die Ruine einer kleineren Klosterkirche aus dem 13. Jahrhundert sowie die bemerkenswerte Krypta erhalten geblieben. Ein eindrucksvoller Ort, um sich eine Auszeit zu gönnen.

Direkt am Ufer der sanft strömenden Unstrut liegt das naturbelassene Outtour Camping. Eingebettet in alten Baumbestand, bietet der Campingplatz eine ruhige Lage. Ideal für Camper, die gerne aktiv unterwegs sind, aber auch mal abschalten wollen.

Museen Kloster & Kaiserpfalz Memleben · Thomas-Müntzer-Straße 48
06642 Kaiserpfalz · kloster-memleben.de
Camping Outtour Aktivreisen · Zur Unstrut 55
06636 Laucha an der Unstrut · outtour.de/camping
GPG: 51.245599, 11.656196

24 Der geschmiedete Himmel

ALS IM JULI 1999 ZWEI SCHATZSUCHER ihr Metallsuchgerät über den Boden kreisen lassen, wissen sie genau: Sie riskieren eine Strafe, sollten sie auf dem Gipfel des 252 Meter hohen Mittelbergs etwas aufspüren und es mitnehmen. In Sachsen-Anhalt gilt das Recht, wonach Bodenfunde mit der Entdeckung Eigentum des Landes werden. Tatsächlich finden die beiden Männer zwei Schwerter mit goldverzierten Griffen und einige andere Gegenstände. So zum Beispiel eine 32 Zentimeter große Scheibe, die sie für den Mittelteil eines Schildes halten.

Längst weiß man es besser: Die geheimnisvolle Scheibe stammt aus der Bronzezeit und gilt als einer der bedeutendsten archäologischen Funde des vergangenen Jahrhunderts. Es ist die erste konkrete Himmelsdarstellung, die wir kennen. Das Alter der »Himmelsscheibe von Nebra« wird auf mindestens 3600 Jahre geschätzt. Auch wenn das Original im Landesmuseum für Vorgeschichte in Halle zu sehen ist, lässt sich am Fundort deren Geschichte doch am besten nachspüren: mit interaktiven Präsentationen, Planetarium-Show und einem Aussichtsturm. Die Arche Nebra vermittelt Wissenswertes zur Kulturgeschichte der Region, erlaubt Einblicke in die frühe Bronzezeit sowie die Herstellungsphasen und die astronomischen Bezüge der Himmelsscheibe. Besucher erfahren, wie sie einst in den Boden gelangte und wie es zu ihrer krimireifen Auffindung kam.

In nur 300 Meter Entfernung zum markanten Besucherzentrum liegt ein ruhiger, kostenfreier Stellplatz mit freiem Blick ins Feld. Es gibt keine Ver- und Entsorgung. Ein WC ist vorhanden. Das Hotel-Restaurant & Café Waldschlösschen Wangen liegt gegenüber.

Arche Nebra · An der Steinklöbe 16 · 06642 Nebra (Unstrut)
himmelsscheibe-erleben.de
Wohnmobilstellplatz Arche Nebra · An der Steinklöbe 16
06642 Nebra (Unstrut) · GPS: 51.272764, 11.539693

↑ Besucherzentrum Arche Nebra
↓ Ein ruhiger Stellplatz mit freiem Blick ins Feld

↑ Am Fuße des Rabenturms befindet sich ein mittelalterlicher Friedhof.
↓ Der Campingplatz hat einen eigenen Seezugang.

25 Lustwandeln auf der Mauer

IN DEUTSCHLAND GIBT ES NICHT VIELE historische Stadtmauern, auf denen man laufen darf. In Mühlhausen geht das. Knapp zwei Kilometer misst die imposante, nahezu vollständig erhaltene Wehranlage aus dem 13. Jahrhundert. Rund 370 Meter davon sind begehbar und dabei sehr sehenswert. Eine nette Besonderheit entlang der Zinnen und Schießscharten sind die auf den Ruinen der alten Wehrtürme und Rondelle errichteten Lust- bzw. Gartenpavillons.

Die Aussichtsplattform auf dem Rabenturm ermöglicht einen fantastischen Panoramablick über die Dächer der Stadt und die weitere Umgebung. Die reiche Bausubstanz, die neben dem Stadtmauerring sagenhafte elf mittelalterliche Kirchen sowie zahlreiche wunderschön restaurierte Bürgerhäuser zu bieten hat, machen den Besuch in Mühlhausen zu einem echten Kulturhighlight. Eingebettet in das fruchtbare Tal der Unstrut – zwischen den Höhen des Nationalparks Hainich und dem Eichsfeld – gilt die ehemalige Reichsstadt auch für Wanderer und Radfahrer als Geheimtipp.

Südlich von Mühlhausen, im Landkreis Vogtei, liegt das Palumpa-Land. Der Campingplatz ist eine Wohlfühloase für Individualisten. Einige der rund 50 Standplätze liegen direkt in erster Reihe am Stausee Seebach. Der naturbelassene Uferbereich, teilweise durch Erdwälle in verschiedene Nischenbereiche untergliedert, lädt zum Sonnen und Chillen ein. Die Strandbar mit Sand-Beach hält ein reichhaltiges Angebot an Getränken und kleinen Speisen bereit. Entlang einer kleinen Landzunge liegen die hauseigenen Boote, die man für einen Ausflug ausleihen kann.

Mühlhausen · 99974 Mühlhausen/Thüringen
GPS: 51.209811, 10.451340
Campingplatz Palumpa-Land · Am Stausee 1
99986 Vogtei (OT Niederdorla) · Tel. 03601/88 89 42 · palumpa-land.de
GPS: 51.15161, 10.46950

26 Schlüsselmomente deutscher Geschichte

VOM KAISER GEÄCHTET, VOM PAPST mit einem Bann belegt, trachtete man Martin Luther 1521 nach dem Leben. Und so versteckte sich der Mönch – getarnt als Junker Jörg – fast ein Jahr lang auf der Wartburg bei Eisenach. Er nutzte die Zeit und übersetzte das Neue Testament ins Deutsche. Mithilfe des Buchdrucks verbreitete sich die Übersetzung schnell. Die Erstausgabe in einer Auflage von 3000 Exemplaren war in Windeseile vergriffen. Die Lutherbibel sowie Luthers Theologie und Kirchenpolitik trugen zur Reformation und schließlich zur Spaltung der Kirche bei.

Die Wartburg, die zum UNESCO-Weltkulturerbe gehört, liegt ziemlich exakt am geografischen Mittelpunkt Deutschlands und stellt eines der imposantesten kulturhistorischen Bauwerke des Landes dar. Gesichert ist, dass die Wartburg in vielen Teilen Schloss Neuschwanstein zum Vorbild diente. Der Festsaal, dessen Kassettendecke auf Vorschläge von Franz Liszt zurückgeht, beeindruckt mit seiner Akustik und prachtvollen Gestaltung. Mindestens genauso interessant ist die Kunstsammlung – aus acht Jahrhunderten haben sich Schätze angesammelt. Eine einzigartige Zusammenstellung, die auf eine Idee Goethes zurückgeht.

Wer über das notwendige Kleingeld verfügt, kann mit seinem Wohnmobil auf dem Parkplatz der Wartburg übernachten. Ansonsten empfiehlt sich der von herrlichen Wäldern umgebene, idyllisch am Altenberger See gelegene Campingpark Eisenach. Man erreicht die zwölf Kilometer entfernte Wartburg über schöne Wanderwege, z. B. durch die sagenumwobene Drachenschlucht, oder mit dem ÖPNV.

Wartburg · Auf der Wartburg 1 · 99817 Eisenach · Tel. 03691/25 00
wartburg.de · GPS: 50.967704, 10.300659
Campingpark Eisenach · Altenberger See · 99819 Marksuhl
Tel. 036929/79 80 07 · campingpark-eisenach.de
GPS: 50.908504, 10.300766

↑ Die Wartburg wurde um 1067 erbaut.
↓ Der Altenberger See lädt zum Angeln und Bootsfahren ein.

↑ In der Veste befindet sich ein Hotel mit mittelalterlichem Speiseraum.
↓ Mühlberg, das älteste Dorf Thüringens, ist fußläufig vom Platz aus erreichbar.

27 Das Gleiche ist nicht dasselbe

DAS GLEICHE BEDEUTET, dass sich unterschiedliche Dinge aufs Haar gleichen – während dasselbe bedeutet, dass diese identisch sind. Wer mit dem Camper auf der A4 gen Osten zwischen Gotha und Erfurt unterwegs ist, fährt unweigerlich auf ein eindrucksvolles Burgenensemble zu: die wohl bekannteste Burgengruppe Deutschlands, die Drei Gleichen. Auch wenn ihr Name anderes vermuten lässt: Zwischen dem 8. und 11. Jahrhundert erbaut, sind Burg Gleichen, die Mühlburg und die Veste Wachsenburg äußerst ungleich. Der Sage nach entstand der Name Drei Gleichen nach dem Einschlag eines Kugelblitzes im Jahre 1231, nachdem die Festungen wie drei gleiche Fackeln gebrannt haben sollen.
Alle drei Burgen lassen sich erwandern. Besonders schön ist dies im Frühjahr, wenn an den Burghängen die Frühlingsknotenblume erblüht.
Wer ursprüngliches Camping inmitten unverfälschter und abwechslungsreicher Landschaft sucht, ist im Thüringer Burgenland genau richtig. Abenteuer am Lagerfeuer, Camping ohne Animationsstress und Natur bis zum Abwinken – das bietet Camping Drei Gleichen. Für kleinere Campingfahrzeuge gibt es günstige »Bulliplätze« – das schont den Geldbeutel. Der Platz ist geöffnet vom 1. April bis 31. Oktober. Am SB-Rezeptions-Terminal ist selbstständiges Einchecken nach Voranmeldung möglich. Brötchen gibt's nach Vorbestellung. Unmittelbar angrenzend befindet sich ein 18-Loch-Golfplatz.

Burg Gleichen · 99869 Drei Gleichen
GPS: 50.880582, 10.838900
Mühlburg · 99869 Drei Gleichen · GPS: 50.869081, 10.832044
Veste Wachsenburg · 99334 Amt Wachsenburg
GPS: 50.8583555, 10.876118
Camping Drei Gleichen · Campingplatz 1
99869 Drei Gleichen (OT Mühlberg) · Tel. 036256/22715
camping-drei-gleichen.de · GPS: 50.875151, 10.809305

28 Teufelswerk im Märchenidyll

EINE STEINBRÜCKE, DIE OHNE STÜTZPFEILER auskommt? »Das muss Teufels Werk sein!« Die Menschen im 19. Jahrhundert dachten so – deshalb trägt die Rakotzbrücke auch ihren Beinamen: Teufelsbrücke. Dabei strahlt die Konstruktion aus Basalt- und Feldsteinen eher etwas Märchenhaftes aus. Hollywood hat das erkannt: Das jüngst für vier Millionen Euro sanierte Bauwerk ist in »Matrix Resurrections« zu sehen – in einer Explosions-Szene! Das Touristen-Highlight blieb zum Glück stehen – und die Insta-Gemeinde nutzt weiterhin die Gelegenheit, an den Rakotzsee zu pilgern. Schließlich sind Fotos der weltberühmten Brücke ein Garant für »Likes«. Spiegelt sich die 20 Meter frei spannende Bogenbücke im Wasser, ergibt sich eine vollständige Kreisform. Man sieht sich: im 200 Hektar großen Azaleen- und Rhododendronpark Kromlau! Der Eintritt ist frei.

Eine künstliche Insel aus Basalt macht das Fotomotiv noch interessanter.

Ebenfalls ein Must-Visit ist der Muskauer Park – eine Grünanlage der Superlative. Hermann von Pückler-Muskau ließ ihn 1815 anlegen. Des Fürsten Vorstellungen galten als visionär, seine Regeln der Landschaftsgestaltung haben noch heute Gültigkeit. Der Park nebst Schloss gehört zu den ganz wenigen UNESCO-Weltkulturerbestätten, die sich auf zwei Länder verteilen: Der östliche Parkteil liegt auf polnischer Seite.

Campingplatz Badesee Kromlau ist ein idyllischer Flecken Erde unter hohen, schattigen Bäumen. In unmittelbarer Nachbarschaft verführt eine ausgedehnte Wald- und Teichlandschaft zu Bewegung an der frischen Luft. Die Rakotzbrücke ist in rund einer Viertelstunde zu Fuß zu erreichen. Schloss Muskau liegt in acht Kilometer Entfernung und lässt sich gut mit dem Rad erreichen.

Schloss Muskau & Fürst-Pückler-Park · Neues Schloss
02953 Bad Muskau · GPS: 51.547597, 14.723237
Campingplatz Badesee Kromlau · Jämlitzer Weg 51e
02952 Gablenz (OT Kromlau) · Tel. 0175/446 54 29
GPS: 51.543445, 14.62753

Camper schätzen den idyllischen Flecken unter hohen Bäumen.

↑ Schloss Moritzburg erhielt seine heutige Gestalt im 18. Jahrhundert.
↓ Urlauben in wunderschöner Lage und in unmittelbarer Nähe von Dresden

29 Aschenbrödel lässt grüßen

TAGEIN, TAGAUS WIRD ASCHENBRÖDEL von ihrer Stiefmutter und deren Töchtern mies behandelt. Dennoch meint es das Schicksal gut mit ihr: Eines Tages trifft sie auf ihren Traumprinzen. Mithilfe von magischen Zaubernüssen gelingt es dem Mädchen, auf dem Hofball mit ihm zu tanzen. Der Rest ist (Film-)Geschichte. Im 16. Jahrhundert wurde Schloss Moritzburg als Jagddomizil errichtet und zweihundert Jahre später zu einem der imposantesten Barockschlösser Deutschlands erweitert. In dieser beeindruckenden Kulisse wurde Anfang der 1970er-Jahre der tschechisch-deutsche Märchenfilm »Drei Haselnüsse für Aschenbrödel« gedreht. Dass vieles nur Filmzauber ist, wird spätestens dann klar, wenn man die Filmsets betrachtet. Tatsächlich liegen Schloss Moritzburg und Aschenbrödels Zuhause, Burg Švihov in Tschechien, rund 218 Kilometer voneinander entfernt. Selbst mit einem schnellen Pferd hätte sie fast 22 Stunden zum Ball gebraucht. Der Film genießt seit Jahrzehnten Kultstatus, und so ist es auch nicht weiter verwunderlich, dass die Landesbühnen Sachsen Achenbrödel als Musical auf die Schlossbühne gebracht haben. Tickets sind im Vorverkauf erhältlich. Auf dem Schlossparkplatz dürfen zehn Wohnmobile stehen.

Der Ferienpark Bad Sonnenland liegt nur einen knappen Kilometer von Schloss Moritzburg entfernt. Auf dem großzügigen Gelände gibt es Platz für 140 Zelte, Caravans und Wohnmobile. Die Plätze sind unparzelliert und befinden sich im Wald beziehungsweise auf Wiesenflächen. Den Standplatz kann man frei wählen. Die Moritzburger Seeterrassen bieten neben guter Gastronomie einen herrlichen Blick auf den Dippelsdorfer Teich.

Schloss Moritzburg · Schloßallee · 01468 Moritzburg
schloss-moritzburg.de · GPS: 51.166826, 13.679530
Ferienpark Bad Sonnenland · Dresdner Str. 115 · 01468 Moritzburg
Tel. 0351/830 54 95 · bad-sonnenland.de · GPS 51.142748, 13.679526

30 Paradiesgarten an der Elbe

WER ZU BEGINN DES 18. JAHRHUNDERTS Orangen besaß – was nördlich der Alpen kein allzu leichtes Unterfangen war – spielte in der ersten Liga. Die damals als »goldene Äpfel« bezeichneten Zitrusfrüchte galten als Symbol von Reichtum und Macht. Sachsens Kurfürst August der Starke besaß eine große Sammlerleidenschaft für südländisches Obst, und so ließ er ab 1709 den Dresdner Zwinger als Orangerie bauen. Es dauerte nicht allzu lange und das spätbarocke Bauwerk beheimatete mehr als 600 Pflanzen von über 30 Arten. Später dann, so etwa um 1880, setzten spielende Kinder den Bäumchen derart zu, dass sich die empfindlichen Pflanzen aus der Öffentlichkeit verabschieden mussten.
Dresden liegt idyllisch mitten im Elbtal und glänzt mit Bauwerken aus Renaissance und Barock. »Elbflorenz« nennen Einheimische schwärmerisch ihre Heimatstadt. Die meisten Kulturinteressierten haben selbstverständlich das Wahrzeichen der Stadt mit seinem Kronentor auf ihrer Sightseeing-Liste stehen: Neben der Frauenkirche gehört der Zwinger zu den beliebtesten Ausflugszielen. Und ja, Zitrusfrüchte stehen heute auch wieder in dessen Garten: insgesamt 76 wunderschöne Orangenbäume nach alten Vorbildern.
Auf dem weitläufigen Gelände des Campingplatzes Dresden-Mockritz, zwischen altem Baumbestand, findet sich bestimmt ein nettes Plätzchen. Im hinteren Teil sind die Parzellen durch Hecken und Sträucher voneinander abgetrennt. Schön ist der kleine Naturbadesee mit Liegewiese. Ein Laden an der Rezeption verkauft die Dinge des alltäglichen Bedarfs. Die Sanitäranlagen sind gepflegt. Eine Haltestelle des ÖPNV befindet sich direkt am Campingplatz.

Zwinger Dresden · Sophienstraße · 01067 Dresden
GPS: 51.052989, 13.733745
Campingplatz Dresden-Mockritz · Boderitzer Str. 30 · 01217 Dresden
Tel. 0351/471 52 50 · cbm-camping.de/dresden
GPS: 51.014311, 13.747489

↑ Heute stehen wieder Orangenbäume im Innenhof des Dresdner Zwingers.
↓ Ruhige Lage nahe dem Dresdener Zentrum

↑ Die steilen Basteifelsen gehörten zum Verteidigungsring der Burg.
↓ In den 1950er-Jahren war das Grundstück eine Entenfarm.

31 In schwindelerregenden Höhen

VON DER MITTELALTERLICHEN FELSENBURG Neurathen gibt es nicht mehr viel zu sehen. Warum also sollte man sich auf den Weg machen, deren Überreste zu besichtigen? Ganz klar: wegen der grandiosen Aussicht! Die Burg befindet sich auf einem Felsgrat oberhalb des Elbtales in den Basteifelsen – einem der deutschen Touristenhotspots. Zur Bastei hin ist der Elbsandstein durch 50 bis 60 Meter tiefe Schluchten unterbrochen. Besucher sollten die gekennzeichneten Wege auf keinen Fall verlassen: Es besteht akute Lebensgefahr!

Neurathen gilt als die größte mittelalterliche Felsenburg der Sächsischen Schweiz. Da ihre Bauten überwiegend aus Holz bestanden, sind nur noch die in den Stein gehauenen Räume und Durchgänge, die Zisterne sowie die Balkenaufleger der einstigen Aufbauten erhalten. Doch all das ist – allein schon aufgrund der Lage in schwindelerregender Höhe – mehr als beeindruckend. Man vermag kaum sich die Mühen und Strapazen der Baumaterialbeschaffung vorzustellen. Das Gelände wurde in den letzten 100 Jahren mehrfach archäologisch untersucht. Vor 40 Jahren begann man, Teile der Burganlage als Freilichtmuseum zu rekonstruieren. Die Felsenburg Neurathen ist ganzjährig geöffnet.

Mit rund 33 000 Quadratmetern unparzellierter, natürlicher Wiese bietet der Campingplatz »Entenfarm« ausreichend Platz für Zelt, Caravan und Wohnmobil. Umgeben von viel Grün ist er ideal für Erholungssuchende. Die Grill- und Lagerfeuerstelle ist hier für Familien und Gruppen besonders hervorzuheben. Es gibt eine Einkaufsmöglichkeit für Lebensmittel im Kiosk. Bis zum Zentrum von Hohnstein sind es nur wenige Gehminuten.

Felsenburg Neurathen · 101847 Lohmen · GPS: 50.966824, 14.065527
Campingplatz »Entenfarm« Hohnstein · Schandauer Str. 11
01848 Hohnstein · Tel. 035975/844 55 · camping-entenfarm.de
GPS: 50.975041, 14.138969

32 Lost Place mit Wellness-Charakter

KALTWASSER-HEILANSTALT?! Wer möchte hier schon seinen Urlaub verbringen? Und doch galt die von Sanitätsrat Walter Freise 1887 in der Görlitzer Innenstadt gegründete medizinische Einrichtung lange Zeit als richtungsweisend. Wannen-, Dampf- und Heißluft-, Sole-, Fichtennadel- und Kräuter- sowie Moorbäder dienten dem Erhalt bzw. dem Wiedererlangen der Gesundheit – und das zu einer Zeit, in der man den Begriff Wellness noch gar nicht kannte. Doch das Freisebad war kein wirtschaftlicher Erfolg – und so kam es immer wieder in neue Hände. Heute steht das denkmalgeschützte Gebäude leer – und lässt sich aufgrund der städtischen Auflagen in keinen Business-Plan integrieren. Die letzte Ehre, die der Heilbadeanstalt zuteilwurde, waren Filmaufnahmen für Wes Andersons »Grand Budapest Hotel«, bei denen sich Hollywoodgrößen wie Ralph Fiennes, Adrien Brody und Jude Law ein Stelldichein gaben. Ob es die große Uhr ist, die just kurz nach 12 stehen blieb oder herumliegende Notizen aus dem Jahre 1965 – das Freisebad ist ein Ort, der Vergangenheit nicht zeigt, sondern Vergangenheit ist. Der Verein goerlitz21 e.V. organisiert regelmäßig Lost-Places-Touren – auch ins Freisebad.
»Raus aus der Stadt und rein in die Natur« lautet das Motto im Kühlhaus Görlitz, einem alternativen Campingplatz, der gleich neben dem Kühlhaus im Wäldchen eingerichtet ist. Noch ein echter Geheimtipp, zieht die kleine Stadtrand-Oase, die nur zehn Radminuten vom Nordstrand des Berzdorfer Sees entfernt liegt, hauptsächlich kleinere Campingfahrzeuge an. Hier trifft erholendes Grün auf Industriekultur. Hinfahren!

Freisebad · Dr.-Kahlbaum-Allee 22 · 02826 Görlitz · goerlitz21.de
GPS: 51.146371, 14.995752
Kühlhaus Görlitz · Am Bahnhof Weinhübel 2 · 02827 Görlitz
Tel. 03581/42 99 26 · kuehlhaus-goerlitz.de
GPS: 51.129799, 14.970217

↑ Das Freisebad war eine von drei Badeanstalten in der Stadt.
↓ Der Mini-Campingplatz grenzt an das Naturschutzgebiet Loenscher Park.

↑ Der Klostermarkt befindet sich in der ehemaligen Brauerei.
↓ Vom Parkplatz aus ist es nur ein kleiner Spaziergang zum Klostergelände.

33 Ein Ort der Gastfreundschaft

MALERISCH INS NEISSETAL GEBETTET liegt Kloster St. Marienthal – ein beeindruckender Ort des Glaubens, der Architektur und der Kunst. Im Klosterstift leben seit nunmehr 770 Jahren Zisterzienserinnen nach der Regel des heiligen Benedikt: *ora et labora* – bete und arbeite. 1234 gegründet, ist St. Marienthal das älteste Frauenkloster des Zisterzienserordens in Deutschland. Nach einem Brand im Jahre 1683 im Stil des böhmischen Barock wiederaufgebaut, ist die Klosteranlage mit Konventgebäude, Klosterkirche, Kreuz- und Michaeliskapelle, Dreifaltigkeitssäule und der Statue des heiligen Nepomuk bis heute erhalten geblieben. Die imposante Anlage lässt sich vom Kreuzberg am besten überblicken. Was man kaum vermuten mag: Sie wird seit rund 25 Jahren ausschließlich mit erneuerbaren Energien versorgt. Überhaupt zeigt sich das Kloster weltoffen: Besucher und Pilger sind eingeladen, die vielen Facetten des Klosterlebens kennenzulernen. Ob Stille und Einkehr in der Klosterkirche, Konzerte oder ein Besuch im Gästehaus – es ist ein Eintauchen in die besondere Atmosphäre von St. Marienthal. Die Ausstellung »ora et labora«, der Garten der Bibelpflanzen sowie das Schausägewerk sind sehenswert. Im Sommer sind ab 15 Uhr Führungen durch die Abtei möglich. Das Kloster ist eine Station der Via Sacra, die religiöse Stätten in Deutschland, Tschechien und Polen miteinander verbindet, zudem eine Rast des Jakobsweges.
Ganzjährig nutzbar ist der gebührenfreie Stellplatz für sechs Wohnmobile in unmittelbarer Nähe zum Kloster. Er ist überwiegend eben und liegt auf einem Parkplatz. Es gibt keine Ver- und Entsorgung. Hier lassen sich gut ruhige Stunden verbringen.

Kloster St. Marienthal · St. Marienthal 1 · 02899 Ostritz
ibz-marienthal.de
Wohnmobilstellplatz am Kloster · Schäfereistr. · 02899 Ostritz
Tel. 035823/770 · GPS: 51.001113, 14.924289

34 Geheimtipp für Träumer

AUF DEM BEKANNTESTEN BERG des Zittauer Gebirges thronen die Ruinen von Burg und Kloster Oybin. Eine überwältigende Kulisse. Als einfache Befestigung errichtet, wurde Anfang des 14. Jahrhunderts eine bereits vorhandene Burg zur wehrhaften Festung ausgebaut – zum Schutz der über den Gebirgspass führenden Handelsstraßen. Im Jahre 1364 errichtete man auf Anordnung von Karl IV. das sogenannte Kaiserhaus, fünf Jahre später stiftete er dem Orden der Cölestiner ein Kloster. Die folgenden 200 Jahre existierten Burg und Kloster neben- und miteinander – bis schließlich in Zeiten von Reformation und Gegenreformation dem Klosterleben ein jähes Ende gesetzt wurde. 1577 fiel die rund 100 000 Quadratmeter große Anlage einem Brand nach Blitzeinschlag zum Opfer. Einhundert Jahre später zerstörte ein Felsabriss die vor der Kirche gelegenen Bauten. Deren einstige Schönheit lässt sich Dank des »Bibliotheksfensters« noch heute erahnen. Die Ruinen auf dem Oybin besitzen eine magische Ausstrahlung – schon seit Langem ziehen sie Menschen in ihren Bann. Auch Casper David Friedrich ließ sich inspirieren. Um 1835 malte er »Der Träumer« – ein Gemälde von unwirklicher Schönheit.

SeeCamping Zittauer Gebirge liegt nahe am Dreiländereck von Polen, Tschechien und Deutschland. Der naturbelassene, weiträumig angelegte Campingplatz bietet dem Urlauber 225 Stellflächen zur freien Auswahl – mit oder ohne Schatten. Es gibt eine Feuerstelle, am Stellplatz ist Grillen erlaubt. Ein Sandstrand in der Nähe lädt zum Entspannen ein. Burg und Kloster sind etwa zehn Kilometer entfernt.

Burg und Kloster Oybin · Hauptstraße 15 (Tourist-Info) · 02797 Oybin
burgundkloster-oybin.com · GPS: 50.843606, 14.741476
SeeCamping Zittauer Gebirge · Zur Landesgartenschau 2
02785 Olbersdorf · seecamping-zittau.com
GPS: 50.894046, 14.771670

↑ Burg und Kloster Oybin – ein Must-See beim Besuch im Zittauer Land
↓ Eine weiträumig angelegte Campinganlage mit vielen Freizeitangeboten

↑ Skulptur von Ilya Kabakow, 1997

↓ Unter schattigen Bäumen steht man auf dem angrenzenden Stellplatz.

35 Das Schönste, was du im Leben gesehen hast

EINEM SENDEMAST GLEICH ragt Ilya Kabakovs Arbeit »Blickst du hinauf und liest die Worte ...« gen Himmel. Bei näherer Betrachtung formen sich deren Zwischenräume zu filigranen Buchstaben: »Mein Lieber! Du liegst im Gras, den Kopf im Nacken, um dich herum keine Menschenseele, du hörst nur den Wind und schaust hinauf in den offenen Himmel – in das Blau dort oben, wo die Wolken ziehen –, das ist vielleicht das Schönste, was du im Leben getan und gesehen hast.« Die Installation am nördlichen Ufer des Aasees lädt mit romantischen Anklängen den Betrachter dazu ein, einmal innezuhalten.

Seit 1977 gibt es das »Skulpturen Projekt« in Münster. Alle zehn Jahre stellt sich hier die Frage nach der Beziehung zwischen Kunst und öffentlichem Raum in einem urbanen Umfeld. Namhafte Künstler aus der ganzen Welt errichten an selbst ausgewählten Plätzen Kunstwerke, die dann für die Dauer von 100 Tagen das Stadtbild verschönern. Die Stadt geht mit der Kunst Hand in Hand und viele der Objekte dürfen dauerhaft bleiben. Die »Giant Pool Balls« beispielsweise haben sich für Einheimische und Auswärtige fest im Stadtbild etabliert.

Wer die Innenstadt durchquert, wird eines schnell feststellen: Münsteraner fahren Rad – zu dem man hier »Leeze« sagt. Man kann es den Einheimischen leicht gleichtun – die Stadt ist wie geschaffen dafür! Wer kein eigenes Rad dabei hat, leiht sich eins auf dem Campingplatz Münster. Die komfortablen Übernachtungsplätze für Wohnmobile befinden sich direkt am Freibad Stapelskotten. Ins 4,5 Kilometer entfernte Zentrum gelangt man mit dem ÖPNV.

Skulpturen-Projekt · z. B. nördliche Aaseewiesen / östlich vom Kardinal-von-Galen-Ring · Münster (Westfalen) · GPS: 51.952253, 7.605117
Campingplatz Münster · Laerer Werseufer 7 · 48157 Münster
Tel. 0251/31 19 82 · campingplatz-muenster.de
GPS: 51.946648, 7.691173

36 Indien liegt in Hamm

EXOTISCH, BUNT UND AUSSERGEWÖHNLICH wirkt der Sri-Kamadchi-Ampal-Tempel. Man wähnt sich in Indien, steht aber in einem Industriegebiet in Hamm. Gewidmet ist das auf einer Grundfläche von 27 mal 27 Metern errichtete Hindu-Heiligtum der Göttin Kamadchi. Der Datteln-Hamm-Kanal ist nicht weit – was für rituelle Waschzeremonien wichtig ist. »Vanakkam«, grüßen Gläubige die Götter beim Durchschreiten des 17 Meter hohen Tempelportals. Sie verbeugen sich mit gefalteten Händen und erweisen somit Respekt, Dank und Hingabe. Im Innenraum trägt eine aus schwarzem Granit geschaffene Statue der Göttin bunte Girlanden, Blumen und Schmuck. Lächelnd blickt sie vom Zentralschrein nach Osten – in Richtung aufgehende Sonne. Den Söhnen Shivas – Ganesha und Murugan – sind ebenfalls Altäre gewidmet. Insgesamt gibt es sieben farbenfrohe Schreine – alle reich verziert. Besucher sind herzlich willkommen – allerdings gelten einige Regeln: Man darf keine Schuhe tragen. Rauchen und Alkohol sind verboten. Frauen werden gebeten, während der Menstruation von einem Besuch abzusehen. Hunde und Katzen müssen draußen bleiben. Sehenswert ist das alljährlich stattfindende Tempelfest – man darf mit einigen Zehntausend Menschen rechnen.
Auch wenn der Wiesenplatz mit wenig Bewuchs aufwartet, die Hochspannungsleitung über einem Teil des Platzes verläuft und die Kühltürme eines Atomkraftwerks zu sehen sind: Camping Uentrop Helbach hat seinen Charme. Direkt an der A2 gelegen, am Fluss Lippe, bietet er bis zu 300 Camping-Urlaubern Platz. Eine Übernachtung ist für kleines Geld zu haben. Bis zum Tempel sind es mit dem Rad 15 Minuten.

Sri-Kamadchi-Ampal-Tempel · Siegenbeckstraße 4-5 · 59071 Hamm
hinduistische-gemeinde-deutschland.de · GPS: 51.686780, 7.951226
Camping Uentrop Helbach · Dolberger Str. 80 b · 59510 Lippetal
Tel. 02388/437 · camping-helbach.de · GPS: 51.693615, 7.969595

Zentrum der hinduistischen Kultur in Deutschland

Das Denkmal
nach Entwürfen von
Ernst von Bandel

37 Der größte Deutsche

STOLZ RECKT ER SEIN SCHWERT in den Himmel: Arminius, der die Weltmacht Rom herausforderte und gegen einen schier übermächtigen Gegner gewann. Das Denkmal im Teutoburger Wald erinnert an ihn. Die Schlacht, in der germanische Stämme unter seiner Führung römischen Legionen den Garaus machten, ging in die Geschichte ein. Martin Luther soll dem Cheruskerfürsten Jahrhunderte später den Namen Hermann gegeben haben. Passend zum neuen nationalen Einheitsgefühl des 1871 gegründeten Kaiserreichs, verlangte es die Menschen nach deutschen Helden. Arminius, der charismatische Germane, der als Kind von den Römern in Geiselhaft genommen worden war, kam da gerade recht. 1875 wurde das Hermannsdenkmal eingeweiht.

Heute steht das mit knapp 54 Metern größte deutsche Denkmal für Frieden und Völkerverständigung. Rund eine halbe Million Besucher kommen jedes Jahr, um den »Befreier Germaniens« zu sehen und die 360-Grad-Fernsicht über Lippe zu genießen. Zu Füßen der Kolossalstatue gibt es eine Freilichtbühne, auf der ein breites künstlerisches Programm geboten wird. Ein Biergarten, ein Kletterpark und Deutschlands erstes und einziges Kompetenzzentrum Wandern »WALK« sorgen für zusätzlichen Rummel rund um den Hermann.

Der Campingplatz Quellental liegt am Rande des Teutoburger Waldes. Die gute Lage verspricht Ruhe und Entspannung. Egal, in welche Richtung man auch blickt: Man sieht immer Natur pur. Zahlreiche Wanderwege in der direkten Umgebung lassen jedes Hiker-Herz höherschlagen. Der wohl bekannteste ist der Hermannsweg.

Hermannsdenkmal · Grotenburg 50 · 32760 Detmold
hermannsdenkmal.de · GPS: 51.909852, 8.840030
Camping Quellental · Quellenstraße 55 · 32758 Detmold
Tel. 01515/590 34 99 · campingplatz-quellental.net
GPS: 51.933127, 8.769385

38 Ein Park für Entdecker

AUF NACH COLONIA ULPIA TRAIANA! Wo von 100 bis 275 nach Christus auf dem Gebiet des heutigen Xanten Tausende Menschen lebten, befindet sich heute der Archäologische Park Xanten mit dem LVR-Römermuseum. Die Bodendenkmäler werden nach und nach wissenschaftlich erschlossen. Es wird geforscht, ausgegraben und der Öffentlichkeit präsentiert, was das Leben einst in einer der wichtigsten römischen Städte der Provinz Germania inferior ausmachte. Ihre Überreste zählen zu den wichtigsten Zeugnissen der Antike.

Parkbesucher gewinnen rasch einen Eindruck vom Aussehen der Colonia, da einige Gebäude an ihren ursprünglichen Plätzen wiedererrichtet wurden. Dazu zählen beispielsweise Teile der Stadtmauer oder der Hafentempel. Das ebenfalls rekonstruierte Amphitheater lässt die Atmosphäre damaliger Gladiatorenkämpfe wiederauferstehen – wenngleich diese heute natürlich völlig unblutig ablaufen. In der Werft lässt sich hautnah erleben, wie historische Schiffe auf althergebrachte Weise gebaut werden. Die römische Küche bietet Speisen von damals und die Herberge zeigt, wie Reisende einst bewirtet wurden.

Der ganzjährig geöffnete WomoPark Xanten kann ohne Voranmeldung angefahren werden. Es gibt 66 großzügige Stellplätze auf Rasen, zudem acht Komfort-Stellplätze mit eigenem Pavillon, Tisch, Stühlen und Grill. Auffahrkeile sind empfehlenswert, nicht immer ist der Untergrund eben. Ein Komfort-Sanitärgebäude sowie eine Wellness-Oase mit Sauna-Spa, einer Salzgrotte und Massage runden das Angebot ab. Die Lage ist ruhig und grün. Der Archäologische Park ist fußläufig erreichbar, ebenso die Altstadt von Xanten.

LVR-Archäologischer Park Xanten · Am Rheintor · 46509 Xanten
Tel. 02801/7120 · apx.lvr.de · GPS: 51.667444, 6.453710
WomoPark Xanten · Fürstenberg 6 · 46509 Xanten · Tel. 02804/219588
womoparkxanten.de · GPS: 51.654005, 6.463435

↑ Der Hafentempel war nach dem Kapitol der zweitgrößte Tempel der Stadt.
↓ Ein ausgezeichneter Stellplatz im Luftkurort Xanten

↑ Bei starkem Wind gerät die Konstruktion schon mal ins Schwanken.
↓ Anreisende melden sich an der Rezeption des Erlebnisbads AQUApark.

39 Die Pyramide der verschwundenen Aliens

DIE ROUTE DER INDUSTRIEKULTUR führt am Bottroper Tetraeder vorbei. Aus mehreren Hundert Tonnen Stahl und kilometerlangen Röhren ist auf einer ehemaligen Abraumhalde ein pyramidenartiger Aussichtspunkt entstanden – ein echter Publikumsmagnet. Mehrere Plattformen sind über Treppen erreichbar, der Lohn des Aufstiegs besteht im Ausblick übers Ruhrgebiet. Da die Erhebung etwa 90 Meter misst und das Bauwerk zusätzliche knapp 50 Meter daraufsetzt, hat der Besucher eine deutlich erhöhte Position gegenüber dem Umland, die – an klaren Tagen – den Blick bis zum 40 Kilometer entfernten Rheinturm in Düsseldorf ermöglicht. Verschiedene Panoramatafeln erklären dabei, was zu sehen ist.

Vor einigen Jahren hatte ein künstlerisch veranlagter Bürger um die Landmarke herum eine Gruppe von Steinbildern ausgelegt: von den Bottropern liebevoll »Aliens« genannt. Die Gebilde aus Schotter waren jedoch beim Gelände-Eigentümer nicht gern gesehen und so wurden die Steine des Anstoßes mit schwerem Gerät entfernt. Heute findet sich neben dem Kunstwerk nur noch das »Alpincenter Bottrop« – eine Indoor-Sportstätte mit Skipiste, Sommerrodelbahn und Seilgarten.

Wer schon immer mal mit seinem Wohnmobil an einer Marina übernachten und den großen Schiffen auf dem Rhein-Herne-Kanal zuschauen wollte, bucht sich einen Stellplatz im Wohnmobilhafen Oberhausen. Hier lassen sich ruhige Abende am Bootsanleger bei einer Flasche Wein inklusive Sonnenuntergang genießen. Das Einkaufs- und Freizeitzentrum Centro ist nur wenige Schritte entfernt.

Tetraeder Bottrop · Beckstraße 57a · 46238 Bottrop
GPS: 51.526743 6.954451
Wohnmobilhafen Oberhausen · Heinz-Schleußer-Straße 1, Landzunge Yachthafen · 46047 Oberhausen · Tel. 0208/625 35 90
marina-oberhausen.de · GPS: 51.494515, 6.883015

40 Charmante Industrie

WER AN ESSEN DENKT, denkt an Industrie, Kunst und Natur. 2017 zur »Grünen Hauptstadt Europas« gekürt, wurden viele Bauten zu Kulturstätten. Und so finden sich in Essen einige interessante Industriemuseen und Sehenswürdigkeiten. Gerade dieser »Industrial Look« macht den Charme der Stadt aus. Eines der rostigen Relikte aus der Vergangenheit ist heute UNESCO Welterbe: die Zeche Zollverein. Durch die einstmals größte Steinkohlezeche der Welt führt heute ein Denkmalpfad. Und so kann man auf dem 100 Hektar großen Gelände auch alles über den Tagebau und seine Gefahren, das Leben der Kumpel und deren Alltag erfahren. Man wandert zwischen gigantischen Maschinen, Förderwagen und Transportbändern – immer auf den Spuren einer untergehenden Industrie. Für jedes Alter gibt es die passende Führung, z. B. die »Steigerführung« mit Püttgeschichten oder die »Mitmachschicht« für die ganze Familie. Die Zeche Zollverein ist heute ein lebendiger Ort für Kunst und Kultur.

Wenn noch Zeit bleibt, kann man auf dem Gelände das Red Dot Design Museum besuchen und einen Blick auf Form und Funktion vieler Alltagsgegenstände werfen.

Im kleinen, feinen Ruhrcamping steht die Erholung an erster Stelle. Jeder der 16 Stellplätze bietet einen wunderschönen Blick aufs Wasser. Dort gibt es einen 12 Meter langen Bootssteg. SUPs können geliehen werden. Es empfiehlt sich, frühzeitig zu reservieren. Das Besondere an diesem »Campinggarten« ist, dass jeder Gast mindestens 16 Jahre alt sein muss. Wer sich in diesem Konzept nicht wiederfindet, kann z. B. auf den KNAUS Campingpark Essen-Werden (Seite 94) ausweichen.

Zeche Zollverein · Gelsenkirchener Str. 181 · 45309 Essen
Tel. 0201/24 68 10 · zollverein.de · GPS: 51.486377, 7.045872
Ruhrcamping · In der Lake 76 · 45279 Essen · Tel. 0178/156 39 10
ruhrcamping.com · GPS: 51.429162, 7.104097

↑ Zeche Zollverein in luftige Höhe: Transportschiene auf der Stahlbrücke
↓ Direkt vor der Wohnmobiltür lässt sich Industriekultur erleben.

↑ Ein Skywalk auf dem mächtigen Gasrohr ist etwas Besonderes.
↓ Zu den Sanitärgebäuden sind es nur wenige Schritte.

41 Zur Spätschicht auf den Hochofen

OBEN DER HIMMEL, unten die stillgelegte Hochofenanlage und ringsum der Blick auf die Stadt, das Stadion und das umgebende Lichtermeer. Phoenix-West ist eines der beeindruckendsten Industriedenkmäler und einer der größten Touristenmagnete in Dortmund. »Spätschicht« nennt sich die Kult-Tour, die in den Abendstunden so interessante Ausblicke gewährt. Nicht nur für Fans der Industriekultur ist der sogenannte Skywalk ein kleiner Leckerbissen. Schwindelfrei sollte man schon sein: Die luftige Plattform des ehemaligen Hochofenwerks befindet sich 60 Meter über dem Boden. Festes Schuhwerk wird empfohlen, der Gang zur Toilette ist leider nicht möglich und auf einen Café Latte muss man auch verzichten – insgesamt wenig luxuriös, dafür aber umso faszinierender. Für das besondere Erlebnis wurde die Anlage ins rechte Licht gesetzt: Die gewaltigen Maschinen- und Gebäudeteile werden speziell illuminiert.

Doch die Stadt hat neben Kohle und Stahl, Bier und Fußball noch mehr zu bieten: Weitläufige Parks, faszinierende Museen und Gastlichkeit in Reinkultur lassen es nicht langweilig werden. Die UNESCO zählt Dortmund – neben New York und Paris – zu den wichtigsten Kulturregionen der Welt.

Getreu dem hauseigenen Motto »… ab hier beginnt der Urlaub« campt man auf dem Camping Hohensyburg oberhalb der Ruhr, umgeben von viel Grün und bewaldeten Höhen. Das Gelände ist terrassiert, Touristen stehen auf drei Wiesenflächen, die Standplätze sind teilweise gekiest. Die Großstädte Dortmund und Hagen sind etwa zehn Kilometer entfernt.

Phoenix-West · Skywalk-Start: Warsteiner Music Hall,
Phoenixplatz 4 (am »Hüttenmann«) · 44263 Dortmund
Tel. 0231/39 56 29 70 · skywalk-dortmund.de · GPS: 51.487945, 7.488162
Camping Hohensyburg · Syburger Dorfstraße 69 · 44265 Dortmund
Tel. 0231/77 43 74 · camping-hohensyburg.de · GPS: 51.420120, 7.495086

42 Treppauf, treppab

TIGER & TURTLE – MAGIC MOUNTAIN ist eines der am meisten fotografierten und publizierten Motive unserer Zeit. Nahezu jeder, der in den sozialen Medien unterwegs ist, hat die Großskulptur schon mal gesehen.
Im Rahmen der Umstrukturierung des Ruhrgebiets wurden viele Abraumhalden mit Kunstwerken, die sich meist als Aussichtsplattformen nutzen lassen, verschönert. So auch die Heinrich-Hildebrandt-Höhe, auf der 2011 »Tiger & Turtle« eingeweiht wurde. »The Magic Mountain«, wie die Konstruktion aus verzinktem Stahl auch genannt wird, ist einer Achterbahn nachempfunden, die ganz ohne Wagen auskommt: Sie ist die einzige begehbare Achterbahn der Welt. Wer sich gerade ernsthaft fragt, ob die Loopings vollständig durchlaufen werden können, hat im Physik-Unterricht geschlafen. Sechs, setzen! Empfohlen wird ein Besuch in den Abendstunden: Die Skulptur ist illuminiert und kommt dann am besten zur Geltung. Überdies soll auch die Aussicht bei Dunkelheit über Duisburg bis nach Düsseldorf am schönsten sein. Es werden Führungen angeboten, die mehr zur Entstehungsgeschichte und deren künstlerischer Bedeutung erfahren lassen. Tiger & Turtle ist Tag und Nacht geöffnet, die Begehung ist kostenfrei.
Ruhig gelegen, auf Duisburgs ländlicher linker Rheinseite, befindet sich der Stellplatz am Toeppersee mit 18 Wohnmobil-Stellplätzen. Der Parkschein berechtigt zum einmaligen Eintritt für zwei Personen in das Hallenbad, welches sich in unmittelbarer Nähe befindet. Die Innenstadt Duisburgs ist 20 Autominuten entfernt – und somit auch ein abwechslungsreiches Kultur- und Freizeitangebot. Geöffnet von März bis November.

Tiger & Turtle – Magic Mountain · Ehinger Str. 117 · 47249 Duisburg
GPS: 51.376699, 6.735424
Stellplatz am Toeppersee · Bergheimer Straße 101 · 47239 Duisburg
Tel. 0203/28 54 40 · duisburg.de · GPS: 51.407256, 6.679039

↑ Die Landmarke wurde auf einer ehemaligen Halde errichtet.
↓ Der Toeppersee liegt im linksrheinischen Westen der Stadt Duisburg.

↑ Kein Autofriedhof im herkömmlichen Sinn: Hier ist Staunen angesagt!
↓ Camping am Ufer des Rheins

43 Alles andere als Schrott

SKURRIL, WITZIG UND ANDERS kann man das Freilichtmuseum des Michael Fröhlich nennen. Zu seinem 50. Geburtstag schenkte er sich selbst einen Park mit 50 Automobilen aus den 50er-Jahren. Unter freiem Himmel sind diese dort seitdem dem Verfall preisgegeben und verrotten zusehends. Dabei sind edle und heiß begehrte Modelle dabei: Rolls-Royce, Jaguar XK, Ente und Gangsterauto C11 verrosten genauso wie Porsche oder Moskwitsch. Dass Fröhlich weiß, was er da macht, setzen wir mal voraus, denn im echten Leben beschäftigt er sich mit besonderen Fahrzeugen aller Art. Sein Park hat sich längst zur beliebten Adresse für TV-Teams und Fotografen aus aller Welt gemausert, denn was er da geschaffen hat, ist alles andere als Schrott. Für die einen ein sagenhaftes Motiv, für die anderen vergammeltes Metall – noch dazu von einer vom Aussterben bedrohten Spezies. Und das im Neandertal. Witzig und skurril geht es aber noch weiter: Der Park darf gerne besucht werden, allerdings nur sonntags nach der Sendung mit der Maus. Und natürlich nur nach vorheriger Absprache mit Herrn Fröhlich. Kinder dürfen kostenfrei kommen, Erwachsene müssen einen angemessenen Preis aushandeln. Das Neanderthal Museum liegt in direkter Nachbarschaft.

Der Campingplatz Rheinblick am Ortsrand von Monheim-Baumberg liegt direkt an Deutschlands mächtigstem Strom. Der überwiegend ebene, teilweise schattige Platz bietet viel Raum für Entfaltungsmöglichkeiten. Man steht auf befestigtem Untergrund mit Rasen. Am Abend lässt sich die wunderschöne Aussicht mit herrlichen Sonnenuntergängen genießen. Ein ÖPNV-Anschluss ist in der Nähe.

Auto-Skulpturenpark im Neandertal · Neandertal 11 · 40699 Erkrath
Tel. 0211/32 28 09 · GPS: 51.225468, 6.948913
Campingplatz Rheinblick · Urdenbacher Weg · 40789 Monheim am Rhein
Tel. 02173/644 00 · campingplatz-rheinblick.de
GPS: 51.120629, 6.873567

44 Ein Palast der Superlative

DAS WOHN- UND GESCHÄFTSHAUS der Familie Krupp im Essener Stadtteil Bredeney könnte man durchaus als Schloss bezeichnen. Die Ausmaße des Gebäudes sind derart üppig, dass man die üblichen Vorstellungen von Wohnen getrost beiseiteschieben kann. Das auf dem Gelände eines ehemaligen Klosters errichtete Anwesen verfügt über 269 Zimmer auf bescheidenen 8100 Quadratmetern. Da man in solch beengten Verhältnissen dem Wunsch nach Bewegung nachgeben muss, trifft es sich, dass zusätzlich 28 Hektar Garten zur Verfügung stehen. Die Villa Hügel wurde 1870 bis 1873 nach Plänen von Alfred Krupp errichtet – ohne Rücksicht auf finanzielle Fragen. Man muss nicht extra erwähnen, dass Gebäude und Ausstattung das technisch Mögliche der damaligen Zeit repräsentieren und so mancher Einbau – die Warmluftheizung beispielsweise – zum Vorläufer heutiger Technologien wurde. Für das Amüsement der Familie und deren Gäste wurden Tennisplätze, Reitanlagen und vieles mehr angelegt. Die Besuche des technikbegeisterten Kaiser Wilhelm II. gaben dem Krupp-Imperium monarchischen Glanz. Da die Villa Hügel auch zur Repräsentanz diente, beherbergt sie ein beachtliches Sammelsurium an Kunstwerken, Möbeln und Accessoires.

Der KNAUS Campingpark Essen-Werden ist der perfekte Ausgangspunkt für Ziele in der Umgebung. Trotz zentraler Lage lassen sich hier – mitten im Grünen – ruhige Urlaubstage an der Ruhr verbringen. Ein Bistro versorgt die Gäste mit regionaler Küche. In der Nähe befindet sich ein Anschluss an die S-Bahn, mit der man rasch in die Innenstadt gelangen kann.

Villa Hügel · Hügel 15 · 45133 Essen · Tel. 0201/61 62 90
villahuegel.de · GPS: 51.407484, 7.008429
KNAUS Campingpark Essen-Werden · Im Löwental 67 · 45239 Essen
Tel. 0201/49 29 78 · knauscamp.de/essen-werden
GPS: 51.382256, 6.994991

↑ Blick auf die Südfassade der Villa Hügel mit jungem Lindenhain
↓ Bei einem schönen Glas Wein lassen sich prima Ausflüge planen.

Die denkmalgeschützte Hochbahn ist das Wahrzeichen der Stadt.

45 Der Puls Wuppertals

DIE WUPPERTALER SCHWEBEBAHN ist einzigartig auf der Welt. Seit mehr als 120 Jahren bringt sie die Menschen zu ihren Zielen. Die rund 13 Kilometer lange Strecke führt quer durch die Stadt, den größten Teil davon über die Wupper. Im Laufe der Zeit sind so rund 1,5 Milliarden Beförderungen zustande gekommen. Zu den Top-VIPs unter den Fahrgästen zählen Kaiser Wilhelm II. nebst Gemahlin, die es sich im Jahre 1900 nicht nehmen ließen, die damals neue Technik selbst zu erleben. Und dann war da noch Tuffi ... Im Juli 1950 nahm Zirkusdirektor Althoff das vierjährige Elefantenmädchen mit in die Schwebebahn. Vier Fahrkarten hatte er für sie lösen müssen. Dem Tier jedoch missfiel der kleine Ausflug. Es wurde nervös, verursachte eine Panik unter den Mitfahrenden, brach durch ein Fenster und landete 10 Meter tiefer in der Wupper. Tuffi blieb unverletzt, unter den Fahrgästen gab es einige Leichtverletzte. Den »Kaiserwagen« gibt es noch – man kann ihn für Events mieten. An Tuffi wird gleich mehrmals gedacht: Es gibt eine Malerei an einer Hauswand zwischen den Stationen Alter Markt und Adlerbrücke, in Barmen steht eine bronzene Tuffi in der Fußgängerzone und eine aus Stein an der Unglücksstelle im Fluss. Die Fahrradmitnahme ist erlaubt: ein Plus für Camper, die mal auf Rad umsteigen wollen.
Außerhalb der Umweltzone befindet sich ein ganzjährig geöffneter Stellplatz für fünf Mobile – zwischen den Schwebebahnhaltestellen Zoo/Stadion und Sonnborn. Hier steht es sich überwiegend eben auf befestigtem Untergrund. Hunde sind erlaubt. Die Altstadt ist nicht weit und lädt zum Bummeln ein. Der Platz ist gut ausgeschildert.

Schwebebahn Wuppertal · Bromberger Str. 39-41 · 42281 Wuppertal
schwebebahn.de
Wohnmobilstellplatz Kornstraße · Kornstraße 2 · 42327 Wuppertal
Tel. 0202/563 51 67 · wuppertal.de · GPS: 51.238305, 7.101875

46 Alles Gold, was glänzt

1978 WURDE DER AACHENER DOM als erstes Kulturdenkmal in Deutschland zusammen mit dem Domschatz in die Welterbeliste der UNESCO aufgenommen.
Im Gotteshaus aus dem 8. Jahrhundert lässt sich der Thron von Karl dem Großen bestaunen – einem der mächtigsten Herrscher der damaligen Welt. Die Domschatzkammer birgt den bedeutendsten und größten Kirchenschatz nördlich der Alpen. Hinter dicken Tresortüren erwarten den Besucher Kunstwerke von größter Schönheit – sakrale und profane Artefakte vom Mittelalter bis in die Neuzeit. Handschriften, Reliquienbehälter, Messgewänder, Skulpturen, Tafelbilder und andere Gegenstände dokumentieren die Geschichte des kirchlichen Lebens. Der Marienschrein birgt das Kleid Mariens, weitere Highlights sind das Lotharkreuz und der 1020 geschaffene »Goldene Buchdeckel«. Auf dem Weg zu den Kostbarkeiten muss der Besucher durch das »kleine Drachenloch«, ein gotisches Portal an der Westseite des Doms. Dom und Schatzkammer liegen in der im frühen Mittelalter entstandenen Altstadt, die mit vielen denkmalgeschützten Gebäuden und verwinkelten Gassen für eine kleine Reise in die Vergangenheit sorgt.
Der sehr gepflegte, gebührenpflichtige Stellplatz am Ortsrand von Burtscheid bietet Platz für 47 Wohnmobile. Hier steht man eben, teilweise auch schattig auf befestigtem und geschottertem Untergrund mit Rasengitter. Es gibt ein neues, gepflegtes Sanitärgebäude. Das Zentrum von Aachen ist zu Fuß erreichbar, der ÖPNV-Anschluss liegt in der Nähe. Maximaler Aufenthalt: zwei Nächte. Ganzjährig nutzbar. Brötchenservice, Grillstelle vorhanden.

Domschatzkammer Aachen · Johannes-Paul-II.-Straße · 52062 Aachen
Tel. 0241/47 70 91 40 · aachener-domschatz.de
GPS: 50.775092, 6.082703
Stellplatz Bad Aachen · Branderhofer Weg 11 · 52066 Aachen
Tel. 0241/99 00 09 91 · aachen-camping.de · GPS: 50.761201, 6.102908

↑ Karl der Große machte die Kirche zum Abbild des Himmlischen Jerusalem.
↓ Die Parzellen auf dem Stellplatz sind 80 bis 100 Quadratmeter groß.

↑ Überlebensgroßer Fackelträger und Feuerschale am Sonnwendplatz
↓ Heute ein Ort für Toleranz, Vielfalt und ein friedliches Miteinander

47 Traumhafte Lage – schweres Erbe

REICHSKANZLER HITLER PERSÖNLICH hatte 1933 den Bau dreier »Ordensburgen« beauftragt – Vogelsang war eine davon. Oberhalb der Urfttalsperre erschufen die Nationalsozialisten eine Pseudoburg mit Elementen des mittelalterlichen Ordensrittertums. Hier züchtete das Hitler-Regime seinen Führungsnachwuchs heran, hier standen die Ideologie des Nationalsozialismus und die sogenannte Rassenlehre im Vordergrund. Ein schwieriges Erbe. Heute nennt sich Vogelsang »Internationaler Platz«. Auf historischem Grund ist eine Gedenkstätte mit einem NS-Dokumentationszentrum entstanden, die sich gegen das Vergessen richtet. Trotz und wegen seiner fast komplett erhaltenen Architektur will Vogelsang ein Ort für Austausch und demokratische Offenheit sein. Große, farbige Elemente sollen die Wirkung der einschüchternden Bauten stören. Kaum vorstellbar, dass die Anlage einst noch viel größer werden sollte. Ursprünglich geplant waren neben großen Aufmarschplätzchen auch ein gigantisches Sportstadion, Hörsäle und Bibliotheken sowie ein Kraft-durch-Freude-Hotel. Doch auch in ihrem unfertigen Zustand ist die Anlage eine der größten baulichen Hinterlassenschaften der Nazis – eine mahnende Erinnerung an die Abgründe einer menschenverachtenden Diktatur.
Der Eifel-Wohnmobilpark-Vogelsang ist ein gebührenpflichtiger Stellplatz für 50 Fahrzeuge – nur wenige Gehminuten vom Eingang des Dokumentationszentrums entfernt. Gäste können das benachbarte Hallenbad nutzen, das dank einer breiten Fensterfront einen hinreißenden Ausblick auf die Eifellandschaft bietet. Gelegentlich gibt es Specials, wie z. B. Ballonrundfahrten oder kleine Ausstellungen.

Vogelsang IP · Vogelsang 70 · 53937 Schleiden · Tel. 02444/91 57 90
vogelsang-ip.de
Eifel-Wohnmobilpark-Vogelsang · Vogelsang 40 · 53937 Schleiden
Tel. 02444/914 51 47 · eifel-wohnmobilpark-vogelsang.de
GPS: 50.579150, 6.444066

48 Vom Damals ins Heute

IM HAUS DER GESCHICHTE in Bonn dreht sich alles um Deutschland nach 1945. Die Ausstellung zeigt die unterschiedlichsten Dinge, an die sich die Nachkriegsgeneration zweifelsfrei noch gut erinnern wird. Rosinenbomber, Trabbi oder auch ein Wahlzettel des ersten Bundestages sind Objekte, die unmittelbar mit der deutsch-deutschen Geschichte zusammenhängen und die für viele Wegbegleiter durch das eigene Leben waren. Gut vorstellbar, dass ein Gang durch das Haus der Geschichte schnell zu einer Reise in die eigene Vergangenheit wird.

Knapp eine Million Exponate aus allen Bereichen des täglichen Lebens lassen sich hier entdecken – von der uralten »Hörzu-Werbung« mit Igel bis zu den ersten Masken der Corona-Pandemie. Tag für Tag wird Geschichte geschrieben, daher wird die Ausstellung ständig erweitert. Das Haus der Geschichte dokumentiert das Leben in BRD und DDR, es finden sich hier also Zeitzeugnisse, die vielleicht nicht alle Deutschen gemein haben, aber die uns in ihrer Entwicklung und Geschichte einen. Der Eintritt zum Museum und zu allen Ausstellungen ist kostenlos.

Der Rheincamping Siebengebirgsblick in Remagen liegt direkt am Flussufer. Hier wird »Easy-Camping« großgeschrieben: Natur, Ruhe und Erholung stehen im Vordergrund. Der Campingplatz kommt ohne viel Schnickschnack aus und eignet sich daher eher für naturverbundene Camper. Entspanntes Sonnenbaden, ausgiebige Fahrrad- oder Wandertouren zu den Highlights der Region – der Platz bietet viele Möglichkeiten. Ein paar Biergärten und Restaurants befinden sich in unmittelbarer Nähe.

Haus der Geschichte · Museumsmeile · Willy-Brandt-Allee 14 · 53113 Bonn
Tel. 0228/916 50 · hdg.de/haus-der-geschichte · GPS: 50.717525, 7.119108
Rheincamping Siebengebirgsblick · Wickchenstraße
53424 Remagen-Rolandswerth · Tel. 01515/906 89 76
siebengebirgsblick.de · GPS: 50.645044, 7.206371

↑ Ruhe und Erholung direkt am Rhein, gegenüber dem Siebengebirge
↓ Der Campingplatz ist von April bis Oktober geöffnet.

Der Drachenfels ist eine viel besuchte Attraktion.

49 Für Drachenbändiger und Mythenjäger

VIELE MYTHEN UND SAGEN ranken sich um den Drachenfels, eine gut besuchte Sehenswürdigkeit des Rheintals. So soll Siegfried hier einst den Drachen erlegt haben, in dessen Blut er dann badete. Eine andere Sage schreibt den Sieg über das gefährliche Tier einer furchtlosen, unglaublich schönen Blondine zu, die dem Drachen das Christuskreuz entgegenhielt, als er sie zu verspeisen gedachte. Vor Schreck soll der arme Kerl dann den Berg hinuntergestürzt sein.

Der Ausblick von dort oben ist jedenfalls grandios – Geschichten hin oder her. Der zwischen Königswinter und Bad Honnef gelegene Berg, auf dessen Spitze sich die Ruine von Burg Drachenfels befindet, misst rund 320 Meter und kann zu Fuß erklommen werden. Viel bequemer lässt sich der steile Weg nach oben mit Deutschlands ältester Zahnradbahn angehen. Auf halber Strecke zum Gipfel ist in der Nibelungenhalle der Reptilienzoo mit Riesenschlangen und Schildkröten aus aller Herren Länder zu bestaunen. Rund um den Drachenfels finden regelmäßig Veranstaltungen statt. Der Gipfel bietet zudem ein Restaurant, in dem man sich vor dem Abstieg stärken kann. Wohnmobile parkt man am besten auf dem P7, Am Kissel in Königswinter.

Auf der gegenüberliegenden Rheinseite, im Bonner Süden, liegt der Campingplatz Genienau. Der kleine, gemütliche Platz ist von alten Bäumen umgeben. Er ist unparzelliert angelegt und bietet Wohnmobilen jede Menge Entfaltungsmöglichkeiten. Hier finden Urlauber einen Mix aus Ruhe und Natur, Stadt und Kultur – bei freiem Blick zum Drachenfels.

Drachenfels · Auf dem Drachenfels · 53639 Königswinter
GPS: 50.664292, 7.210528
Campingplatz Genienau · Im Frankenkeller 49 · 53179 Bonn
Tel. 0228/34 49 49 · campingplatz-genienau.de
GPS: 50.654166, 7.201176

50 Entfesselte Wasserkraft

KASSEL BIETET KULTUR SATT – und das nicht nur zur Documenta. Ein *must visit* ist die gartenkünstlerisch gestaltete Wilhelmshöhe – Europas größter Bergpark, von der UNESCO als »herausragendes und einzigartiges Zeugnis europäischer Bau- und Gartenkunst« ausgezeichnet. Der 570 Hektar große Park erstreckt sich vom monumentalen Herkules – dem Wahrzeichen der Stadt – über eine 350 Meter lange Kaskadenanlage hinunter zum Schloss Wilhelmshöhe. Die barocken Wasserspiele entstanden Ende des 17. Jahrhunderts unter Landgraf Carl von Hessen-Kassel. Bis heute werden für das tosende Spektakel insgesamt 750 000 Liter Wasser in verschiedenen Becken gesammelt und durch ein Röhrensystem weitergeleitet. Die Besucher lieben es, den Wasserspielen zu folgen – auch wenn sie hierfür stolze 230 Höhenmeter zurücklegen müssen. Es geht an den Großen Kaskaden, tosenden Wasserfällen, kleinen Bachläufen und idyllischen Seen vorbei. Krönender Abschluss ist ein rund 50 Meter hoher Geysir.

Wer jetzt noch Kraft und Ausdauer besitzt, macht einen Abstecher zur Löwenburg, die zwischen 1793 und 1801 erbaut wurde. Auf den ersten Blick wirkt sie wie eine verfallene Ritterburg. Doch das täuscht …

Idyllisch und doch zentrumsnah: Direkt an der Fulda gelegen, wartet der neu gestaltete Campingplatz Kassel mit separatem Wohnmobilplatz auf. Der weitläufige Staatspark Karlsaue, das Freizeitgelände Bugasee sowie der Sportpark Auestadion liegen in fußläufiger Nachbarschaft. Das etwa drei Kilometer entfernte Stadtzentrum ist mit dem ÖPNV und per Fahrrad bequem zu erreichen: ideal für die Erkundung der Documenta-Stadt.

Bergpark Wilhelmshöhe · Schloßpark · 34131 Kassel · museum-kassel.de
GPS: 51.316289, 9.423011
Kassel Camping- & Wohnmobilplatz · Giesenallee 9 · 34122 Kassel
Tel. 0561/707 71 70 · campingplatz-kassel.de · GPS: 51.291527, 9.487865

↑ Die Wasserspiele sind mittwochs, sonntags und feiertags zu sehen.
↓ Der Wohnmobilplatz liegt dem Campingplatz gegenüber.

↑ Schloss Braunfels hat seine Ursprünge im 13. Jahrhundert.

↓ Auf der hinteren Wiese im Camping-Park gibt es Platz für kleine Wagenburgen.

51 Wie im Märchen – aber wahr

SÜDLICH DER MITTLEREN LAHN, auf der Spitze eines bewaldeten Basaltfelsens gelegen, begrüßt Schloss Braunfels schon aus der Ferne seine Besucher. Mit seiner eindrucksvollen Silhouette, den unzähligen Türmen und Türmchen, wirkt es wie einem Märchenbuch entsprungen. Kaum verwunderlich, dass da dem einen oder anderen die Bezeichnung »Hessisch Neuschwanstein« in den Sinn kommt.

Vom Marktplatz aus sind es nur wenige Schritte ins Herz des 800 Jahre alten Gemäuers. Seit jeher der Sitz der Grafen von Solms, ist Schloss Braunfels heute ein lebendiges Kulturdenkmal. Wer sich auf Erkundungstour begibt, kann viel über die Geschichte des Bauwerks und seine Bewohner erfahren. Zum Beispiel, dass es sein heutiges Antlitz den umfangreichen Umbaumaßnahmen im 19. Jahrhundert verdankt. Aus dem Wunsch heraus, das Mittelalter neu aufleben zu lassen, entstand ein idealisierter Ort, an dem heute nicht nur Locationscouts auf der Suche nach den schönsten Film- und Fotospots glücklich werden.

Der ans Schloss angrenzende Kurpark ist der perfekte Ort für das alljährlich im August stattfindende Spectaculum. Gewandete Gaukler, Musiker und Artisten lassen die Ritterzeit aufleben und locken Mittelalterfans in Scharen nach Braunfels.

Der terrassierte Camping-Park Braunfels liegt inmitten herrlicher Natur und bietet einen hinreißenden Blick aufs Schloss. Der urige, ganzjährig geöffnete Campingplatz hat rund 120 Stellplätze, teilweise auf unebener Wiese. Die Entfernung zur Altstadt beträgt rund zehn Gehminuten.

Schloss Braunfels · Schloss 1 · 35619 Braunfels · Tel. 06442/50 02
schloss-braunfels.de · GPS: 50.514077, 8.389865
Camping-Park Braunfels · Weihermühle 1 · 35619 Braunfels
Tel. 0176/32 10 55 79 · campingpark-braunfels.de
GPS: 50.511166, 8.38230

52 Salve im Taunus

DIE SAALBURG, ZUR RÖMERZEIT ein Kastell an der Grenze zu den germanischen Stammesgebieten, gehört zusammen mit dem römischen Grenzwall Limes zum UNESCO-Welterbe. In der Welt einmalig, wurde die Anlage aus der Zeit des Römischen Reiches auf Wunsch von Kaiser Wilhelm II. um 1900 wieder aufgebaut. Heute gewähren uns Kastell und das dazugehörige Lagerdorf einen faszinierenden Einblick in den Alltag der römischen Truppen: Rund 600 Mann waren hier einst stationiert. Im Saalburgmuseum können auf Rundgängen zahlreiche archäologische Funde besichtigt werden. Wer es ganz genau wissen möchte, bucht eine der Führungen. Das ganze Jahr über werden interessante Events geboten, wie z. B. ein römisches Buffet, bei dem Besucher antike Speisen kosten können. Überhaupt kommt kulinarisch niemand zu kurz: Im

Auf antiken Fundamenten entstand die Rekonstruktion des Römerkastells.

Museumscafé sowie im benachbarten Landgasthof werden Gäste aufs Beste verwöhnt.

Rings um die Saalburg lassen sich weitere Kulturerlebnisse mit einem erholsamem Spaziergang verbinden. Für die knapp 2,4 Kilometer braucht es ungefähr 45 Minuten zu Fuß – das ist auch mit Kindern gut zu schaffen. Der Weg führt vorbei an Denkmälern und Rekonstruktionen. Keinesfalls verpassen sollte man den Limes. Wann bietet sich schon mal die Gelegenheit, Teile des größten Bodendenkmals Europas zu bestaunen?

Auf den ersten Blick ein großzügiger Campingplatz auf schönem, terrassiertem Gelände, ist The Eppstein Project so viel mehr. Das rund 65 000 Quadratmeter große, ganzjährig geöffnete Areal mit etwa 150 Standplätzen ist eine naturbelassene Wohlfühloase.

Römerkastell Saalburg · Saalburg 1 · 61350 Bad Homburg vor der Höhe
Tel. 06175/937 40 · saalburgmuseum.de · GPS: 50.270689, 8.568689
The Eppstein Project · Bezirksstr. 2 · 65817 Eppstein · Tel. 0176/19 08 32 11
the-eppstein-project.de

Der gut eingewachsene Platz bietet viel Privatsphäre.

Darmstadts Wahrzeichen steht auf der Mathildenhöhe.

53 High Five im Jugendstilformat

FAST 50 METER IN DER HÖHE misst der Hochzeitsturm – errichtet zwischen 1905 und 1908 auf einem östlich der Stadt Darmstadt gelegenen Hügel. Der renommierte Architekt Joseph Olbrich gestaltete den Backsteinbau zur Erinnerung an die Hochzeit von Großherzog Ernst Ludwig und Prinzessin Eleonore zu Solms-Hohensolms-Lich. Das Gebäude aus dunkelroten Ziegelsteinen ist Teil des Jugendstilensembles der Künstlerkolonie Mathildenhöhe und der dazugehörigen Parkanlage. Äußerst markant sind die fünf Bögen seines Daches: Sie erinnern an eine erhobene Hand – weshalb der Hochzeitsturm auch »Fünffingerturm« genannt wird. Auf der obersten Etage befindet sich eine öffentliche Aussichtsplattform mit herrlichem Rundumblick. Man erreicht sie über 195 Stufen oder – wenn man weniger sportlich ambitioniert ist – mit dem Aufzug.
Im Norden lässt sich bei guter Fernsicht die Skyline von Frankfurt mit dem Taunus im Hintergrund erkennen, in südlicher Richtung sieht man die Hügel des Odenwaldes, die Bergstraße sowie die Rheinebene.
Die kleine Großstadt Darmstadt gehört zu Deutschlands schönsten Städten. Sie gilt als Zentrum des Jugendstils und ist ein beliebtes Ausflugsziel für Kunst- und Theaterfreunde. Wer glaubt, es müsse hier Camping- und Stellplätze in Hülle und Fülle geben, irrt. Und so fährt man gute 20 Kilometer, bis man mit dem Campingplatz Riedsee eine passable Übernachtungsmöglichkeit findet. Der Campingplatz wartet dafür mit einem Badesee mit herausragender Wasserqualität auf. Hier tummeln sich gerade an den Wochenenden zahlreiche Gäste, da man in Ufernähe campen kann.

Hochzeitsturm Darmstadt · Olbrichweg 11 · 64287 Darmstadt
Tel. 06151/701 90 87 · hochzeitsturm-darmstadt.eu
GPS: 49.877071, 8.667199
Campingplatz Riedsee · Am Riedsee 1 · 64560 Riedstadt (OT Leeheim)
Tel. 0151/11 65 75 23 · riedsee.de · GPS: 49.862022, 8.424070

54 Von Blumenkindern und alten Gebeinen

NICHT VIELE MENSCHEN KÖNNEN von sich behaupten, in einem Blumenkübel getauft worden zu sein. Die Autorin dieses Buches kann es. Corinna Harder wurde am 13. September 1970 in der Stadtkirche zu Michelstadt mit Wasser aus dem Taufstein übergossen, den man kurz zuvor bei Renovierungsarbeiten im Pfarrgarten wiederentdeckt hatte. Er war dort jahrelang als Pflanzgefäß im Einsatz gewesen.

Das evangelische Gotteshaus, das das barocke Corpus Delicti noch heute birgt, entstand im Wesentlichen in der Spätgotik. Es enthält noch Teile eines karolingischen Vorgängerbaus. Zahlreiche Grabdenkmäler vom Hochmittelalter bis zur Neugotik machen es zu einem bedeutenden Bau. Im Chor lohnt es, den Blick nach oben zu richten: Wunderschön anzusehen sind die feinen Blumenranken, die das auf 1543 datierte Netzgewölbe zieren. Die intensivfarbigen Glasfenster stammen aus dem frühen 20. Jahrhundert.

Die Stadtkirche, das in direkter Nachbarschaft gelegene spätgotische Fachwerk-Rathaus von 1484, der Marktbrunnen von 1575 sowie der barocke Löwenhof, in dem sich früher einmal eine Posthalterei von Thurn und Taxis befand, machen den Marktplatz zu einem der schönsten in ganz Deutschland.

Auf dem Großparkplatz »Altstadt« stehen ganzjährig zwölf kostenlose Stellplätze zur Verfügung. Sie dürfen für maximal vier Tage genutzt werden. Man steht auf ebenem, geschottertem Untergrund, es gibt keinen Schatten. Am Platz: Strom, Frischwasser, Entsorgungsstation. Der historische Stadtkern ist in fünf Gehminuten zu erreichen. Zahlreiche Einkaufsmöglichkeiten und Restaurants liegen in unmittelbarer Nähe.

Stadtkirche Michelstadt · Am Kirchplatz 5 · 64720 Michelstadt
GPS: 49.678630, 9.004513
Wohnmobilstellplatz Michelstadt · Marktstraße 27 · 64720 Michelstadt
michelstadt.de · GPS: 49.679970, 9.001061

↑ Die heutige Form der Stadtkirche geht auf das Jahr 1461 zurück.
↓ Die Altstadt mit Kirche, Rathaus, Burg und Diebsturm ist nicht weit.

↑ Wallfahrtstag ist alljährlich der Sonntag um Mariä Himmelfahrt.
↓ Hier campt man unter schönen, alten Bäumen.

55 Das Quellheiligtum im Wald

ZWISCHEN SIEDELSBRUNN UND UNTER-ABTSTEINACH versteckt sich zwischen Nadelbäumen ein mittelalterliches Kleinod. St. Maria in Lichtenklingen im hessischen Odenwald ist die Ruine einer Marienkultstätte. Ob es sich dabei ursprünglich um ein germanisches oder keltisches Quellheiligtum handelte, darüber streitet man seit Langem. Für Menschen mit feinem Gespür ist es jedoch unumstritten, dass die aus Sandstein erbaute Kapelle von einer besonderen Aura umgeben ist.

Zu dem sagenumwobenen Ort führen gleich mehrere Wanderwege. Als Ausgangspunkt empfiehlt sich der Wanderparkplatz am Ende der Ortsstraße von Eiterbach. Von hier aus läuft man keine halbe Stunde bis hinauf zum Ziel.

Eine Legende besagt, dass die Muttergottesfigur in früheren Zeiten dreimal aus dem Gotteshaus entwendet wurde und ebenso oft auf geheimnisvolle Weise wieder zurückgekehrt sein soll. Darüber hinaus sagt man dem Quellwasser des Brunnens eine heilsame Wirkung nach. Wasserflaschen vollmachen nicht vergessen!

Am Rande von Wald-Michelbach liegt der Campingplatz »Schöner Odenwald«, eingebettet in eine waldreiche Umgebung mit gut ausgebauten Wanderwegen. Es gibt 50 touristische Stellplätze. Im modernen Sanitärgebäude gibt es eine Waschmaschine und einen Trockner. Alle Geräte werden mit Münzen betrieben, die beim Platzwart erhältlich sind. Der Campingplatz ist ganzjährig geöffnet und bietet auch im Winter ein schönes Reiseziel. Keine Kartenzahlung möglich. Eine Sommerrodelbahn und ein Kletterwald liegen rund 2,5 Kilometer entfernt.

St. Maria in Lichtenklingen · Wanderparkplatz (Ortsstraße)
69483 Wald-Michelbach (OT Eiterbach) · GPS: 49.525276, 8.816229
Campingplatz Schöner Odenwald · Spechtbach 35
69483 Wald-Michelbach · schoener-odenwald.de
GPS: 49.561878, 8.828453

56 Ein Hauch von Gänsehaut

WESTLICH VON BEERFELDEN, auf einer Anhöhe der Landstraße Richtung Airlenbach, befindet sich der Beerfelder Galgen. Er zählt zu den ältesten und besterhaltenen Galgen Deutschlands. Beim Anblick der drei roten Sandsteinsäulen, die über eiserne Stangen miteinander verbunden sind, stellen sich unweigerlich gemischte Gefühle ein. Der Platz der um 1550 entstandenen Richtstätte war bewusst gewählt: Vor dem Scheiden aus dieser Welt hatten die Delinquenten noch einmal einen Panoramablick auf deren Schönheiten – was letzten Anlass zur Reue geben sollte. Der weithin sichtbare Galgen mit den daran baumelnden Körpern der Gehenkten unterstrich zudem die abschreckende Wirkung, die eine solche Strafform haben sollte: Die Todesstrafe des Hängens galt als ehrlos und schändlich. Sie war vor allem für Diebe gebräuchlich. Zum letzten Mal erfüllte der Galgen im Jahr 1804 seinen Zweck, als eine Frau dort gerichtet wurde. Sie hatte für ihr krankes Kind zwei Laib Brot sowie ein Huhn gestohlen.
Campen im Odenwald ist Camping in natürlicher Umgebung. Und so punktet der sympathische Nibelungen-Camping mit seiner Lage direkt neben einem Erlebnisbad mit Wasserrutsche und großem Schwimmbecken. Das leicht geneigte Wiesengrundstück wird durch Hecken und Bäume in mehrere Bereiche geteilt. Der 45 Parzellen große Campingplatz hat von Ende April bis Mitte Oktober geöffnet. Dank des Brötchenservices starten Gäste gut in den Tag. Ein Kiosk versorgt mit Dingen des täglichen Bedarfs. Verschiedene Supermärkte und regionale Direktvermarkter, aber auch Gaststätten mit Biergärten sind zu Fuß oder mit dem Fahrrad erreichbar.

Beerfelder Galgen · Airlenbacher Straße · 64743 Oberzent
GPS: 49.572014, 8.964382
Nibelungen-Camping am Schwimmbad · Tiefertswinkel 20
64658 Fürth i. Odw. · Tel. 06253/58 04 · camping-fuerth.de
GPS: 49.659513, 8.783553

↑ Der imposante, dreischläfrige Galgen lässt das Blut in den Adern gefrieren.
↓ Einen lichten, fröhlichen Kontrast bietet Nibelungen-Camping.

↑ Im Zentrum der Osteifel liegt der »Garten Gottes«.
↓ Mit dem SUP über den Laacher See

57 Eine einzigartige Verbindung

ALS DER FRISCH ZUM REICHSKANZLER ernannte Hitler im Februar 1933 Köln besuchte, ließ Oberbürgermeister Konrad Adenauer kurzerhand Hakenkreuzfahnen von der Deutzer Brücke entfernen. Er geriet daraufhin ins Visier der Nazis und musste abtauchen. Zuflucht fand der spätere Bundeskanzler im Kloster Maria Laach. Dort lebte er für ein Jahr als Bruder Konrad.

Die Benediktinerabtei liegt malerisch an der Südwestseite des Laacher Sees. Erbaut zwischen 1093 und 1216, gilt die Klosterkirche mit ihren sechs Türmen als eines der schönsten Denkmäler der romanischen Baukunst. Der als Paradies bezeichnete Vorhof ist der letzte seiner Art nördlich der Alpen. Der Kreuzgang stammt aus dem 13. Jahrhundert. Die Bibliothek gehört mit etwa 260 000 Titeln zu den größten Privatbibliotheken in Deutschland.

Auf dem Klostergelände finden sich ein Biobauernhof mit angeschlossenem Bioladen, das angesehene Seehotel, eine Gärtnerei mit Obstgarten, eine Buch- und Kunsthandlung, eine Bildhauerwerkstatt sowie weitere Handwerksbetriebe und Manufakturen. In Maria Laach verbinden sich Landschaft und Kultur mit ganz viel Schöpferkraft.

RCN Camping Laacher See liegt am Nordwestufer inmitten von viel Grün. Bei Reservierung ist die Anreise ab 14 Uhr möglich, für Kurzentschlossene ab 15 Uhr. Großzügige, parzellierte Stellplätze mit Blick zum Wasser lassen fast automatisch Urlaubsgefühle aufkommen. Es steht sich schön zwischen Laubbäumen, Hecken und Sträuchern. Eine etwa 300 Meter lange und bis zu 15 Meter breite Liegewiese sowie ein Sandstrand machen den Urlaub perfekt. Der Zugang zum Wasser erfolgt über Einstiegsleitern.

Benediktinerabtei Maria Laach · 56653 Glees · maria-laach.de
GPS: 50.402592, 7.254581
RCN Camping Laacher See · Am Laacher See, L 113 · 56645 Nickenich
Tel. 02821/393 99 97 · rcn.nl/de · GPS: 50.422136, 7.265181

58 Wo Vater Rhein auf Mutter Mosel trifft

EINMAL ÜBER DEN DINGEN SCHWEBEN ... Eine Seilbahnfahrt hinauf zur Festung Ehrenbreitstein sollte man sich keinesfalls entgehen lassen. Moderne Panoramakabinen garantieren eine fantastische Aussicht auf Koblenz und weit ins UNESCO-Welterbe Oberes Mittelrheintal. Auf dem Felssporn in luftigen 118 Metern angekommen, hat man den wohl genialsten Blick auf den Zusammenfluss von Rhein und Mosel.

Seit ihren Anfängen um das Jahr 1000 erlebte die Festung Ehrenbreitstein eine wechselvolle Geschichte. Nach mehrmaliger zermürbender Belagerung konnten französische Revolutionstruppen 1799 eine Übergabe der Festung durch Aushungern erzwingen. Später ließen sie die Festung sprengen. Im Jahre 1815, das Land war inzwischen in preußischer Hand, befahl König Friedrich Wilhelm III. den Ausbau von Koblenz zur Festungsstadt nach modernsten Erkenntnissen. Festung Ehrenbreitstein erhielt zwischen 1817 und 1828 ihre heutige Gestalt. Fortan galt sie als uneinnehmbar. Nach Carcassonne ist sie die zweitgrößte erhaltene Festung Europas.

In knapp dreiminütiger Fahrt verbindet der Festungsaufzug den Ehrenbreitstein mit dem Kulturzentrum. Er ist an den ÖPNV angeschlossen. Fahrkarten gibt es an den Kassenautomaten der Berg- und Talstation.

Mit Blick aufs Deutsche Eck oder hinauf zum Ehrenbreitstein, direkt gegenüber der Altstadt gelegen, befindet sich der KNAUS Campingpark Koblenz/Rhein-Mosel mit rund 200 Stellplätzen und schönem Kieselstrand. Alternativ gibt es vor der Schranke 10 gesonderte Stellplätze – mit flexibler An- und Abreise.

Festung Ehrenbreitstein/Talstation Seilbahn · Konrad-Adenauer-Ufer
56068 Koblenz
KNAUS Campingpark Koblenz/Rhein-Mosel · Schartwiesenweg 6
56070 Koblenz · Tel. 0261/82719 · knauscamp.de/koblenz
GPS: 50.3664595, 7.604115

↑ Blick auf das Deutsche Eck an der Mündung der Mosel in den Rhein
↓ Campen gegenüber dem Kaiser-Wilhelm-Denkmal

Cochem gilt als
Perle an der Mosel.

59 Eine hinreißende Mogelpackung

REICHSBURG COCHEM GEHÖRT zu den bekanntesten Burgen des Landes. Hoch über der Mosel in den Himmel aufragend, lässt sich der wuchtig-markante Turm mit dem Schieferdach schon von Weitem ausmachen. Auch wenn das Bauwerk auf den ersten Blick wie der Prototyp einer mittelalterlichen Burg wirkt: Es ist eine Mogelpackung.

1868 erwarb ein Berliner Kaufmann die Ruinen der im 17. Jahrhundert zerstörten Burg und ließ sie nach seinen Vorstellungen im angesagten neugotischen Stil wiederaufbauen. Historische Pläne interessierten ihn dabei wenig. Er hatte seine eigenen im Kopf.

Wenngleich beim Wiederaufbau das Aussehen der Burg frei erfunden wurde, so ist doch etwas Besonderes entstanden, das sich anzuschauen lohnt. Zum perfekten Kultururlaub gehört unbedingt auch eine Burgführung. Ein Blick in den Veranstaltungskalender ist lohnend, denn es gibt abwechselnde Veranstaltungen wie Rittermahle, mittelalterliche Burgfeste oder die beliebte Cochemer Burgweihnacht. Mehrere Wege führen von der historischen Altstadt hinauf auf den Felskegel. Die Burg ist ganzjährig zu besichtigen. Auf dem Rückweg bietet es sich an, noch ein bisschen durch die Weinberge zu flanieren.

Auf dem gebührenpflichtigen, ganzjährig geöffneten Stellplatz an der Nordbrücke stehen Plätze für Wohnmobile zur Verfügung. Man parkt direkt an der Mosel. Es gibt keinerlei Ver- und Entsorgung. Öffentliche Toiletten sind in der Nähe. Der Parkplatz liegt neben einer Durchgangsstraße. Die historische Altstadt von Cochem ist sehenswert, ein Fuß- und Fahrradweg führt direkt in wenigen Minuten dorthin.

Reichsburg Cochem · Schloßstr. 36 · 56812 Cochem
reichsburg-cochem.de
Stellplatz an der Nordbrücke · Moselstraße · 56812 Cochem
Tel. 02671/600 40 · cochem.de · GPS: 50.154580, 7.168678

60 Kein Traumschloss

IHR ANTLITZ ZIERTE LANGE ZEIT die Rückseite des 500-DM-Scheins. Mit ihrer unverkennbaren Architektur – den bis zu 35 Meter hohen Wohntürmen, Erkern, Dächern und Fachwerken – ist Burg Eltz der Inbegriff einer mittelalterlichen Ritterburg. Verborgen in einem Seitental der Mosel und errichtet auf einem 70 Meter hohen Felsen, genießt sie in der Landschaft der Sehenswürdigkeiten eine Sonderrolle. Seit ihrer Entstehung zu Beginn des 12. Jahrhunderts wurde sie niemals geplündert oder zerstört und obendrein ist sie durchgängig in Familienbesitz gewesen. Der Innenhof präsentiert 500 Jahre Baugeschichte auf einen Blick – von der Romanik bis zum Frühbarock – und erzählt von dem manchmal komplizierten Zusammenleben dreier Eltzer Familienstämme. Die dem Besucher zugänglichen Räumlichkeiten sind authentisch ausgestattet, so zum Beispiel die Küche: Seit dem 15. Jahrhundert blieb sie nahezu unverändert. Kostbarkeiten aus 850 Jahren machen die gut gefüllte Rüst- und Schatzkammer zu einer der bedeutendsten Sammlungen in Europa. Burg Eltz ist reich an gelebter Geschichte – und im Gegensatz zu Neuschwanstein nicht bloß steingewordener Traum.

Zu den Burg-Eltz-Parkplätzen leitet die Navi-Adresse. Wohnmobile kosten 8 EUR/Tag Parkgebühr. Eine Übernachtung ist vor Ort leider nicht möglich.

Camping Burgen liegt inmitten der ältesten Weinregion Deutschlands. Über 60 000 Quadratmeter sonniges Gelände mit schattenspendenden Bäumen direkt am Fluss laden zum erholsamen Campen ein. Dank malerischer Lage und hochwertiger Ausstattung ist er einer der beliebtesten Campingplätze an der Mosel. Der Campingplatz befindet sich 300 Meter vom Zentrum Burgen entfernt und bietet einen traumhaften Ausblick auf die Burg Bischofstein.

Burg Eltz · 56294 Wierschem · burg-eltz.de
Camping Burgen · Am Moselufer · 56332 Burgen · Tel. 02605/23 96
camping-burgen.de · GPS: 50.214627, 7.389806

↑ Vom nächstgelegenen Parkplatz sind es etwa 15 Gehminuten zur Burg.

↓ An der schönen Unter-Mosel, mit Blick auf Burg Bischofstein

↑ Schloss Stolzenfels thront auf der linken Seite des Rheins.

↓ Mit dem Wohnmobil an Rhein und Lahn – Schlossblick inklusive

61 Ein Platz in erster Reihe

WEITHIN SICHTBAR, ERKENNT MAN Schloss Stolzenfels an seiner eigentümlichen, hellen Farbe. Auf den Ruinen der ursprünglichen Burg ließ Friedrich Wilhelm IV. seine Sommerresidenz errichten und hinterließ der Nachwelt damit ein neugotisches Schloss, das zu den bedeutendsten der Rheinromantik zählt. Carl Schnitzler und Karl Friedrich Schinkel waren mit der Ausführung betraut – die romantischen Einflüsse gehen auf sie zurück. Dem Besucher bietet sich ein nahezu vollständig eingerichtetes Schloss, durch dessen Wohnräume es sich gut schlendern lässt. Da der König ein eifriger Sammler war, lassen sich eine Vielzahl von Waffen, Möbeln und anderen Kostbarkeiten besichtigen. Als bedeutend gelten die Wandmalereien, die auf die Düsseldorfer Malerschule zurückgehen. Nach einem Rundgang durch die Schlosshallen empfiehlt sich der Besuch des Gartens, der von Peter J. Lenné als Landschafts- und Jagdpark angelegt wurde. Auf neun Hektar finden sich – inzwischen immenser Pflanzenpracht – Fischteiche, ein künstlicher Wasserfall sowie eine Lavagrotte.

Das Parkhaus Schloss Stolzenfels ist für die meisten Wohnmobile ungeeignet. Besser man nimmt den Bus bis Haltestelle »Stolzenfels-Schlossweg« (Linie 670). Der Fußweg zum Schloss beträgt etwa 20 Minuten.

Wer Burgen, Schlösser und historische Städtchen mag, ist im Wohnmobilhafen am Kränchen in Lahnstein bestens aufgehoben. Es gibt Platz für 60 Reisemobile, die Einrichtungen sind modern und gepflegt. Wer rechtzeitig anreist, kann einen der beliebten Plätze in der ersten Reihe ergattern – mit Blick direkt auf die Lahnmündung.

Schloss Stolzenfels · Rhenser Straße 15 · 56075 Koblenz
GPS: 50.304697, 7.593164
Wohnmobilhafen am Kränchen · Johannesstraße 41 · 56112 Lahnstein
wohnmobilhafen-lahnstein.de · GPS: 50.309251, 7.598656

62 Ein Lied von Verhängnis und Tod

ALS RITTER EBERHARD IN DIE SCHLACHT ZOG, war die schöne Loreley untröstlich. Wenngleich viele Männer um ihre Hand anhielten: Sie wollte auf die Rückkehr ihres Traumprinzen warten. Als sich dann aus Liebeskummer einige Freier umbrachten, wurde Loreley dazu verurteilt, als Nonne ins Kloster zu gehen. Für einen letzten Blick auf die Burg des Liebsten kletterte sie auf einen Felsen hoch über dem Rhein. Da sah sie, dass Eberhard ihr entgegenfuhr und rief freudig seinen Namen. In diesem Moment rammte sein Boot einen Stein und Eberhard ertrank. Loreley sprang ihm hinterher …

Seit Jahrhunderten ranken sich Sagen um die Loreley – den Schieferfelsen auf der östlichen Rheinseite bei Sankt Goarshausen. Heinrich Heine und Clemens Brentano haben über ihn geschrieben, auch unzählige andere Künstler machten ihn zum Thema ihrer Werke. Die wohl bekannteste Geschichte ist die von der blonden Schönheit, die sich auf dem Felsen das Haar kämmt und damit den Schiffern den Kopf verdreht – woraufhin diese verunglücken. Richtig ist, dass der Rhein unterhalb des Felsens gefährlich ist und es immer wieder zu Unfällen kommt. Mythen hin oder her: Der Ausblick auf die Rheinschleife vom 132 Meter hohen Felsgipfel ist grandios. In der ganzen Gegend finden sich zig Burgen und Schlösser und natürlich etliche Wander- und Radwege.

Am Loreley-Besucherzentrum gibt es einen gebührenpflichtigen Stellplatz. Dieser steht nicht zur Verfügung, wenn Veranstaltungen auf der Freilichtbühne stattfinden. Alternativ ist Camping Loreleyblick auf der gegenüberliegenden Rheinseite zu empfehlen.

Loreley · Stellplatz am Besucherzentrum · Auf der Loreley 7
56348 Bornich · Tel. 06771/91 00 · loreley-touristik.de
GPS: 50.141849, 7.733636
Camping Loreleyblick · An der Loreley 49 · 56329 St. Goar am Rhein
Tel. 06741/20 66 · camping-loreleyblick.de · GPS: 50.142155, 7.721921

Hier sucht sich
jeder selbst seinen
Traumplatz.

Zwischen Burg Reichenstein und Rhein – hier lässt sich's aushalten.

63 Camping im Schatten der Burg

BURG REICHENSTEIN ist ein weiteres Ausflugsziel im Weltkulturerbe Oberes Mittelrheintal. Die bewegte Geschichte der ehemaligen Raubritterburg beginnt im späten 11. Jahrhundert und ist – wie so oft bei mittelalterlichen Gemäuern – vor allem von Zerstörung und Wiederaufbau geprägt. Zu ihrer heutigen Gestalt gelangte die Burg durch den Kauf des Industriellen Kirsch-Puricelli, der 1899 den Umbau zur Wohnburg veranlasste. Und so präsentiert sich der historische Gebäudekomplex dem Betrachter im neugotischen Stil. Das markanteste Zeichen der vormaligen Nutzung ist die fast 1000 Jahre alte Mauer, die mit ihren Türmen nahezu komplett erhalten ist. Die mittlerweile wieder in Familienbesitz befindliche Burg wurde 2014 instandgesetzt und wird seither als touristische Attraktion genutzt. Ein Speiselokal, ein Hotel, das Burgmuseum und eine Vielzahl von Veranstaltungen locken Besucher aus der ganzen Gegend herbei. Das Museum zeigt vor allem Originalexponate aus dem Besitz der Kirsch-Puricellis, einer der einflussreichsten Unternehmerfamilien der damaligen Zeit. Insbesondere Möbel, Bilder und Skulpturen gehören zu dem wertvollen Schatz, der ein eindrucksvolles Bild von Leben und Luxus hinterlässt.
Der Campingplatz Marienort liegt direkt am Rheinufer – am Fuße der Burgen Reichenstein und Rheinstein. Die Zufahrt ist sehr eng und für Dickschiffe ungeeignet. Auf dem durch den Morgenbach zweigeteilten Wiesengelände steht man mitunter unter hohen Laubbäumen, teilweise terrassiert. Es gibt eine Slipanlage für Boote. In etwa einem Kilometer Entfernung befindet sich ein Sandstrand mit Bademöglichkeit.

Burg Reichenstein · Burgweg 24 · 55413 Trechtingshausen
Tel. 06721/6117 · burg-reichenstein.com
Campingplatz Marienort · Am Morgenbach 1 · 55413 Trechtingshausen
Tel. 06721/6133 · campingplatz-marienort.de
GPS: 50.004558, 7.855995

64 Lady Liberty vom Niederwald

HOCH ÜBER DEM RHEIN ragt das Niederwalddenkmal in den Himmel. Man erreicht es am schönsten über den Reben schwebend: in zehn Minuten mit der Seilbahn von Rüdesheim aus. In kleinen Kabinen, die jeweils bis zu vier Personen aufnehmen können, lässt sich auf einer Länge von 1440 Metern entspannt schaukelnd das sich bietende Panorama genießen.

Am Niederwalddenkmal angelangt, kommt man sich plötzlich winzig klein vor. 38 Meter misst das monumentale Gedenkbauwerk, das an die Einigung Deutschlands 1871 erinnern soll. Allein zwölfeinhalb Meter nimmt die auf dem oberen Sockel thronende Germania ein. Damit belegt die »Lady Liberty vom Niederwald« den 5. Platz der größten deutschen Statuen.

Nach einem stärkenden Picknick auf einer der umliegenden Wiesen lässt sich der Rückweg locker zu Fuß antreten. Der kleine Spaziergang führt durch die Weinlagen des Rüdesheimer Berges und verwöhnt nach jeder Wegbiegung mit einem neuen traumhaften Ausblick. Das ist Lebensfreude in schönster Form.

Der Campingplatz Am Rhein liegt direkt am Fluss, etwa 800 Meter vom Rüdesheimer Stadtzentrum entfernt. Zur Seilbahn sind es 20 Gehminuten. Es gibt 180 Stellplätze, teilweise mit Rasengitter. Komfortplätze haben einen eigenen Wasser- und Abwasseranschluss. Ein Kiosk bietet die Dinge des täglichen Bedarfs. Auf einer Terrasse mit kleiner Speise- und Getränkekarte lässt sich der Blick auf die Rüdesheimer Aue ganz besonders genießen. Einen Steinwurf entfernt befinden sich ein Freibad, Tennisplätze, ein Minigolfplatz sowie ein Abenteuerspielplatz.

Rüdesheimer Seilbahn (Talstation) · Oberstraße 37
65385 Rüdesheim am Rhein · Tel. 06722/24 02 · seilbahn-ruedesheim.de
Campingplatz Am Rhein · Kastanienallee 4 · 65385 Rüdesheim am Rhein
Tel. 06722/25 28 · campingplatz-ruedesheim.de
GPS: 49.978079, 7.941822

↑ Das Denkmal ist schon aufgrund seiner schieren Größe beeindruckend.
↓ Die Anlage liegt direkt am Rhein, eingesäumt von viel Grün.

↑ Die in den Fels gehauene Einsiedelei war einst von Mönchen bewohnt.
↓ Ein ruhig gelegener Campingplatz zwischen Wald und Weinreben

65 Ein kultiger Platz

DAS EINZIGE FELSENKLOSTER nördlich der Alpen befindet sich in der Nähe von Bad Kreuznach. Zugegeben, man weiß nicht viel über diesen gut eingewachsenen Ort. Aber vielleicht ist es gerade das, was die Fantasien der Besucher so sehr beflügelt. Es ist anzunehmen, dass die Ursprünge der Felseneremitage Bretzenheim bis in die vorgeschichtliche Zeit zurückreichen und der Ort ursprünglich heidnischen Zwecken diente. Vermutlich bis ins 5. Jahrhundert wurde er als Mithräum genutzt. Die Tempel des Mithras-Kultes – eines im ganzen Römischen Reich verbreiteten Mysterienkults – waren meist unterirdisch angelegt oder in Fels gehauen. Im frühen 7. Jahrhundert erfuhren die in den Sandstein geschlagenen Räume und Nischen eine christliche Umwidmung. Der im Jahre 1043 geweihte Altar sowie eine später errichtete Kirche fielen 1567 einem Erdrutsch zum Opfer. 150 Jahre später zogen dann noch einmal Eremiten ein: Das Felsenkloster wurde für Jahre zu einem bekannten Wallfahrtsort. Der letzte Einsiedler starb 1827 im Alter von 82 Jahren. Seine letzte Wohnstätte, eine 90-Quadratmeter-Felsenwohnung, in der einst das Konvent untergebracht war, kann nach vorheriger Anmeldung bei der Tourist-Info Langenlonsheim-Stromberg (Tel. 06724/274) besichtigt werden. Ansonsten ist das Gelände frei zugänglich.

Einen knappen Kilometer zu Fuß entfernt liegt der Campingpark Lindelgrund. Das terrassierte Wiesengelände befindet sich an einem bewaldeten Hang. Man steht schön zwischen Weinreben. Weite Blicke in die Weinlandschaft des Guldenbachtals lassen das Herz aufgehen. Am südöstlichen Platzrand gibt es ein kleines Biotop.

Felseneremitage Bretzenheim · Eremitageweg 944 · 55559 Bretzenheim
GPS: 49.887551, 7.871042
Campingpark Lindelgrund · Im Lindelgrund 1 · 55452 Guldental
Tel. 06707/633 · lindelgrund.de · GPS: 49.883765, 7.857146

66 Mit Adam und Eva im Paradies

RUND 200 000 TOURISTEN aus der ganzen Welt pilgern Jahr für Jahr auf den Stephansberg in Mainz. Sie alle wollen zu den berühmten blau leuchtenden Glasfenstern.
Während des Zweiten Weltkriegs war St. Stephan durch Luftangriffe schwer beschädigt worden und die gotische Hallenkirche brauchte dringend neue Fenster. Im Jahre 1973 konnte der jüdische Künstler Marc Chagall dafür gewonnen werden, deren Entwurf zu übernehmen. Er setzte damit ein Zeichen der jüdisch-christlichen Verbundenheit und Völkerverständigung. Fünf Jahre später wurde das erste Chagall-Fenster in St. Stephan eingesetzt. Es folgten acht weitere. Das letzte Fenster vollendete der »Meister der Farbe und biblischen Botschaft« kurz vor seinem Tod im Jahre 1985. Marc Chagall wurde 97 Jahre alt.

Die Chagall-Fenster werden oft als »Das Blaue Wunder von Mainz« bezeichnet.

St. Stephan ist die einzige deutsche Kirche, für die Chagall jemals Fenster schuf. Eine der bekanntesten Szenen stellt die Versuchung von Adam und Eva im Paradies dar. Die Glasfläche aller Chagall-Fenster beträgt rund 178 Quadratmeter. Ebenfalls nicht versäumen sollte man die bewusst schlichter gehaltenen 19 Fenster von Charles Marq sowie einen Rundgang durch den schönsten spätgotischen Kreuzgang von Rheinland-Pfalz.
Mainz liegt nur einen Steinwurf von Wiesbaden entfernt und es bietet sich an, auf dem Campingplatz Maaraue die Zeit zu verbringen. Schön auf einer Insel im Rhein mit Blick auf die gegenüberliegende Mainzer Altstadt gelegen, ist der Platz zweckmäßig ausgestattet. Es gibt 80 Standplätze, davon sind 50 parzelliert.

Chagall-Fenster in der kath. Pfarrkirche St. Stephan · Kleine Weißgasse 12
55116 Mainz · st-stephan-mainz.de
Campingplatz Maaraue · Maaraue 48 · 55246 Wiesbaden
Tel. 06134/257 59 22 · campingplatz-maaraue.de
GPS: 50.001055, 8.286355

Idyllisch am Rhein gelegen, ist der Campingplatz ein Ort der Erholung.

Eine Attraktion für Schwindelfreie und Wagemutige

67 Abhängen zwischen Mörsdorf und Sosberg

IN LUFTIGEN 100 METERN über dem Boden die eigenen Grenzen verschieben. Auf 360 Metern Länge seinen Mut herausfordern. Nicht jeder bringt die Nerven dafür auf. Es gibt Menschen, die die Hängeseilbrücke Geierlay nicht überqueren – obwohl ihre Begehung keinen Cent kostet. Sie fotografieren sie. Schließlich gehört die Geierlay zu den hippsten Fotomotiven, die das Land zu bieten hat. Bis 2017 war sie noch die längste Hängeseilbrücke der Republik. Dann lief ihr die Titan RT in Sachsen-Anhalt den Rang ab. Das hat ihrer Beliebtheit jedoch keinen Abbruch getan: Bis heute beehrten rund 1,5 Millionen Menschen die Superbrücke nebst Besucherzentrum.

Wer möglichst schnell die Vogelperspektive über dem Mörsdorfer Bachtal genießen möchte, wählt den direkten Wanderweg vom Parkplatz aus. Danach folgt man dem Besucherstrom für zwei Kilometer. Wer mehr Ausdauer mitbringt, entscheidet sich für die Geierlayschleife mit 6,4 Kilometern – Brückenüberquerung inklusive. Schweizer Bauingenieure haben Stahl und Holz so gekonnt vereint, dass die als nepalesische Hängebrücke konstruierte Geierlay kaum schwingt. Ein stabiler Handlauf sorgt für ein Gefühl der Sicherheit. Und plötzlich spürt man sie: Abenteuerlust. Die Aussicht tut ihr Übriges und unfassbarer Stolz macht sich breit. Eine Überquerung ist eben doch nicht umsonst.

Der P2 in der Windorfer Straße bietet rund um die Uhr Platz für 20 Wohnmobile, inklusive Ver- und Entsorgung (im Winter nicht verfügbar), Strom und WC. Bei Einfahrt zieht man ein Parkticket, gezahlt wird bei Ausfahrt mit Kredit- oder EC-Karte. Abgerechnet wird im 12-Stunden-Takt.

Besucherzentrum Hängeseilbrücke Geierlay · Kastellauner Str. 23
56290 Mörsdorf · geierlay.de
P2 Parkplatz · Windorfer Str. · 56290 Mörsdorf
GPS: 50.104521, 7.338227

68 Prajna und Karuna an der Mosel

BUDDHA-STATUEN STEHEN FÜR MEDITATION und Fokussierung. Man findet die selig lächelnden Figuren oft in Badezimmern, Vorgärten oder Wellness-Praxen. Für die einen bloß hübsche Deko mit positiver Ausstrahlung, sind sie für andere von tiefer Bedeutung. Nach buddhistischer Lehre ist ein Buddha ein Mensch, der es aus eigener Erkenntnis schafft, die vollkommene Freiheit zu erreichen. Er durchbricht damit den Kreislauf von Tod und Wiedergeburt und erlangt Erleuchtung.

Vor rund 20 Jahren ließ der bekennende Buddhist Wolfgang Preuß die im Jugendstil erbaute Weinkellerei Julius Kayser restaurieren und einen großen Anbau mit Glasfront errichten. Seitdem präsentiert sich im Moselstädtchen Traben-Trarbach eine in Europa einmalige Sammlung. Auf 4000 Quadratmetern Ausstellungsfläche gibt es über 2000 Buddhas aus Burma, China, Indien, Laos, Kambodscha und Thailand zu sehen, aber auch Arhats und Bodhisattvas. Die Exponate entstammen den unterschiedlichsten Epochen und veranschaulichen das ganze Spektrum buddhistischer Verehrung. Das größte Ausstellungsstück misst fast vier Meter und bringt stolze zwei Tonnen auf die Waage. Das Museum ist täglich von 10 bis 18 Uhr geöffnet, montags ist Ruhetag.

Umgeben von Weinbergen, liegt der Mosel-Campingplatz Rissbach idyllisch in die Natur eingebettet. Auf einem Wiesenstreifen entlang des Flusses gibt es 93 parzellierte Standplätze mit altem Baumbestand. Das Sanitärgebäude ist geräumig und modern. Schön ist das Restaurant mit Moselterrasse. Für Gäste gibt es kostenlosen Eintritt in das städtische Freibad und die Therme.

Buddha Museum · Bruno-Möhring-Platz 1 · 56841 Traben-Trarbach
Tel. 06541/816 51 80 · buddha-museum.de
Mosel-Campingplatz Rissbach · Rißbacher Str. 155
56841 Traben-Trarbach · Tel. 06541/31 11 · moselcampingplatz.de
GPS: 49.965647, 7.104858

↑ Das Museum bietet Raum für Stille, Besinnung und Neugier.
↓ Wer mag, übernachtet in Rissbach in einem Schlaffass.

↑ Die dunkle Färbung der Porta Nigra entstand durch Verwitterung.
↓ Dem Camping Treviris grenzt ein Wohnmobilhafen an.

69 Das Tor, das zur Kirche wurde

NACH SEINER RÜCKKEHR aus dem Heiligen Land fasste der byzantinische Mönch Simeon den Entschluss, sein Leben als Eremit zu beschließen. Am Festtag des heiligen Andreas – am 30. November 1030 – ließ sich der fromme Mann in eine winzige Zelle im Ostturm der Porta Nigra einmauern – des Tores, das 860 Jahre zuvor von den Römern als nördlicher Zugang der Stadt Augusta Treverorum errichtet worden war. Seine Speisen zog sich Simeon fortan in einen Korb herauf. So verbrachte der Mönch viereinhalb Jahre im Gebet, ehe er 1035 starb. Simeon wurde im Untergeschoss des Tores beigesetzt. Der Erzbischof von Trier unternahm sogleich alle Schritte für Simeons Heiligsprechung. Er wusste: Heilige locken Pilger in die Stadt und mit diesen lässt sich prächtig Geld verdienen. Der geschäftstüchtige Gottesmann veranlasste zudem die Gründung einer Stiftskirche inmitten des römischen Gemäuers. Diesem glücklichen Umstand ist es zu verdanken, dass die Porta Nigra in den nachfolgenden Jahrhunderten nicht zur Gewinnung von Baumaterial abgebrochen wurde. Die Porta Nigra ist das am besten erhaltene römische Stadttor nördlich der Alpen und zählt zum UNESCO-Welterbe. Das unter Mark Aurel errichtete Bauwerk lässt sich in einem nahezu ursprünglichen Zustand besichtigen, seitdem die Kirche nach 1804 abgerissen wurde. Einzig der romanische Ostchor zeugt davon, dass sich hier einst ein Gotteshaus befunden hat.

Der parkähnlich angelegte Camping Treviris ist ein guter Ausgangspunkt für einen Ausflug nach Trier. Trotz seiner zentralen Lage liegt er ruhig am Ufer der Mosel. Er verfügt über 100 Standplätze, 75 davon sind parzelliert. Es gibt einen angrenzend separaten Wohnmobilhafen.

Porta Nigra · Porta-Nigra-Platz · 54290 Trier
zentrum-der-antike.de/monumente/porta-nigra
Camping Treviris · Luxemburger Str. 81 · 54294 Trier · Tel. 0651/869 21
camping-treviris.de · GPS: 49.744796, 6.624206

70 Der Ruf nach Einheit und Freiheit

ES WAR DIE BIS DAHIN GRÖSSTE politische Massenveranstaltung in Deutschland. Fast 30 000 Männer und Frauen aus den Staaten des Deutschen Bundes hatten sich am 27. Mai 1832 vor der Hambacher Schlossruine versammelt und skandierten nationale Einheit – während sie schwarz-rot-goldene Fahnen schwenkten. Seither gilt das Hambacher Schloss als Wiege der deutschen Demokratie.

Zu Fuß sind es gut zwei Stunden bis ganz hinauf auf den Kastanienberg. Die Wege zur Demokratie sind eben manchmal mühselig ... Die Strapazen lohnen sich: Inmitten der Weinberge hat man nicht nur eine wunderbare Aussicht, man atmet auch Geschichte. Wer sein Wissen auffrischen möchte, kann auf dem inzwischen wiederaufgebauten Schloss eine Menge über die Zusammenhänge des Un-

Im Mittelalter als Burg erbaut, später zum Schloss ausgestaltet

tergangs der napoleonischen Vorherrschaft mit dem Entstehen des demokratischen Gedankens erfahren. Das Hambacher Schloss zählt neben der Paulskirche in Frankfurt am Main und dem Reichstag in Berlin zu den bedeutendsten Orten der deutschen Demokratiegeschichte. Von März bis Oktober sind täglich Führungen buchbar, in den Wintermonaten nur am Wochenende.
Wer lieber fährt: Parkmöglichkeiten stehen entlang der Auffahrt (Schlossstraße) und Abfahrt (Freiheitsstraße) zur Verfügung. Die letzten Meter geht man aber weiterhin zu Fuß.
Auf dem Stellplatz an der Martin-Luther-Kirche gibt es mit 40 citynahen Standplätzen die Möglichkeit, das rollende Zuhause auch über Nacht abzustellen. Bezahlt wird am Parkscheinautomaten.

Hambacher Schloss · Schlossstr. · 67434 Neustadt an der Weinstraße
hambacher-schloss.de · GPS: 49.324994, 8.118016
Stellplatz Martin-Luther-Kirche · Martin-Luther-Str. 54
67433 Neustadt an der Weinstraße · Tel. 06321/89 07 97
GPS: 49.354738, 8.152522

Es gibt eine Ver- und Entsorgungsstation sowie Stromanschlüsse.

↑ Ein Polygon ist ein nicht näher definiertes Vieleck.
↓ Der Campingplatz inmitten der »heimlichen Hauptstadt« des Saarlandes

71 Tief hinein und hoch hinauf

SIEBENUNDZWANZIG BEEINDRUCKENDE METER ragen die Hochöfen der Völklinger Hütte in die Höhe. Das weltweit einzige vollständig erhaltene Eisenwerk aus der Blütezeit der Industrialisierung zählt zu den ungewöhnlichsten Weltkulturerbestätten der UNESCO. Zu besichtigen ist der inzwischen stillgelegte Betriebsablauf der Roheisenerzeugung – von der Sinteranlage über die Kokerei bis hin zur Gebläsehalle. Verschiedene Stationen laden zum Mitmachen ein: ein garantiert unterhaltsames Event. Für den Rundweg von sieben Kilometern Länge sollte man gut zwei bis drei Stunden einplanen. Inmitten dieser beeindruckenden Kulisse finden regelmäßig Konzerte, Ausstellungen und Veranstaltungen aller Art statt.
Über Jahrhunderte hinweg wurde im Saarrevier Steinkohle gefördert. Auf der Bergehalde Duhamel in Ensdorf (Saar) erinnert eine puristische Großskulptur an den 2012 eingestellten Steinkohlebergbau. Das Saarpolygon wurde dabei so gestaltet, dass es aus jeder Richtung eine andere Form aufweist: Mal ist es ein rechteckiges Tor, mal ein auf der Spitze oder der Basis stehendes Dreieck, mal ein Kreuz mit Querstrich. Die Stahlgitterkonstruktion lässt sich erklimmen. Zur Aussichtsplattform in 28 Metern Höhe führen beidseitig Treppen.
Im Herzen von Saarlouis liegt der Campingplatz Dr. Ernst Dadder. Eingebettet in eine idyllische Landschaft, lässt sich am Flüsschen Alte Saar eine Auszeit nehmen. Auf großzügigen 20 000 Quadratmetern saftiger Wiese mit schattenspendendem Bewuchs lässt es sich gut aushalten.

Völklinger Hütte · Rathausstr. 75-79 · 66333 Völklingen
voelklinger-huette.org
Saarpolygon · Provinzialstr. 1 · 66806 Ensdorf (Saar)
GPS: 49.318022, 6.785613
Campingplatz Dr. Ernst Dadder · Marschall-Ney-Weg 2 · 66740 Saarlouis
Tel. 06831/36 91 · campingplatz-saarlouis.de

72 Postkartenmotiv von Weltrang

WARUM NACH PRAG FAHREN, wenn man stattdessen Heidelberg einen Besuch abstatten kann? Die »romantische Stadt am Neckar« nimmt es angesichts ihres Postkartenpanoramas locker mit anderen Top-Destinationen auf. Von der Alten Brücke, die die Altstadt mit dem gegenüberliegenden Ufer verbindet, hat man einen hinreißenden Blick auf das Schloss – und damit gleich zwei Heidelberger Wahrzeichen im Kamerasucher.

Schloss Heidelberg erreicht man am besten mit einer der traditionsreichen Bergbahnen. Aus der ehemals im 13. Jahrhundert als Burg angelegten Anlage wurde im Laufe der Zeit ein repräsentatives Stadtschloss, das aus dem Stadtbild nicht mehr wegzudenken ist. Von einer der Aussichtsterrassen lässt sich das traumhafte Panorama auf das Neckartal und die Villen der örtlichen Prominenz genießen. Nicht verpassen sollte man den Torturm. Dort gibt es eine kleine Einlasspforte mit eisernem Klopfring. Der Sage nach bekommt derjenige das Schloss mit all seinen Schätzen, dem es gelingt, den Ring durchzubeißen. Eine Hexe versuchte einst ihr Glück, doch sie biss sich ihren letzten Zahn aus. Lediglich eine kleine Einkerbung blieb im Ring zurück: der sogenannte »Hexenbiss«. Wer schon immer mal ein Schloss besitzen wollte, hat jetzt die Gelegenheit auf einen Hauptgewinn!

Camping Heidelberg liegt direkt am Neckar im Stadtteil Schlierbach, etwa vier Kilometer von der Alten Brücke entfernt. Mit dem Rad fährt man bis zur Bergbahnstation in der Zwingerstraße eine gute Viertelstunde. Der Platz ist geöffnet von Anfang April bis Ende Oktober.

Heidelberger Schloss · Schlosshof 1 · 69117 Heidelberg
schloss-heidelberg.de
Camping Heidelberg · Schlierbacher Landstr. 151 · 69118 Heidelberg
Tel. 06221/80 25 06 · camping-heidelberg.de
GPS: 49.414153, 8.770762

↑ Eine der berühmtesten Ruinen Deutschlands: das Heidelberger Schloss
↓ Camping in den Neckar-Auen: Gelegenheit für eine Auszeit

↑ Der blühende Magnolienbaum ist im Frühjahr eine Attraktion.
↓ Stromberg Camping punktet mit dem angrenzenden Schwimmbad.

73 Als der Herrgott hereingelegt wurde

SCHLAU UND RAFFINIERT soll Jakob gewesen sein – ein echter Schwabe eben. Mitte des 15. Jahrhunderts, als das Zisterzienserkloster Maulbronn seine Blüte erlebte, durfte der Laienbruder hin und wieder im Dorf Besorgungen machen. Es war an einem Gründonnerstag, als ihm ein Stück Schwein zuteilwurde. Die Regeln waren klar: kein Fleisch zur Fastenzeit. Doch das mittelalterliche Leben war hart und es galt »nur nix verkomma lassa«. Jakob würfelte das Fleisch und mischte es mit dem, was Klostergarten und Küche hergaben: Schnittlauch, Winterspinat, Feldsalat, altes Brot, Eier und eine Zwiebel. Das findige Mönchlein umhüllte alles mit Nudelteig – der Herrgott sollte ja nichts von der brisanten Füllung erblicken können. So kamen sie in die Welt: die »Herrgottsbscheißerle«. Während den Klosterbrüdern die Mahlzeit mundete, ahnte wohl keiner, dass die Maulbronner Nudeltaschen – kurz: Maultaschen – zur festen Größe der schwäbischen Küche aufsteigen würden.
Das ehemalige Zisterzienserkloster Maulbronn gilt als das am besten erhaltene mittelalterliche Kloster nördlich der Alpen. Die Anlage, die über Jahrhunderte mit ihren Wohn- und Wirtschaftsgebäuden, Schulen, Krankenstationen und Gärten wie eine Stadt funktionierte, vereint alle Stilrichtungen von der Romanik bis zur Spätgotik. Im Herrenrefektorium ist noch heute die Durchreiche zur Küche zu erkennen, durch die einst die »Mauldäschle« ausgegeben wurden.
Wer nicht auf dem klostereigenen Stellplatz übernachten möchte, fährt weiter zum Stromberg Camping, einem ruhig gelegenen Platz mit eigenem Freibad.

Kloster Maulbronn · Klosterhof 5 · 75433 Maulbronn
kloster-maulbronn.de · GPS: 48.999068, 8.805719
Stromberg Camping · Diefenbacher Str. 70
75438 Knittlingen-Freudenstein · Tel. 07043/21 60 · strombergcamping.de
GPS: 49.034876, 8.833483

74 Grand Hotel der unerlösten Seelen

DAMALS WAR ES EINES DER GANZ GROSSEN Häuser. In seiner Blütezeit, den 1940er-Jahren, residierten Hollywoodstars und der internationale Hochadel im Grand Hotel Waldlust. Fürsten, Sultane und Könige genossen den Luxus, den die 140 Zimmer, Privatbäder und Balkone boten. Nicht unerwähnt bleiben darf dabei die vollendete Gastfreundschaft der legendären Adele B. Aus bis heute ungeklärten Umständen kam die Herrin des Hauses eines Nachts in ihren Privatgemächern zu Tode. Damit nahm das Mysterium seinen Lauf. Angestellte berichteten von seltsamen Phänomenen, die sich zugetragen haben sollen. Eine Frau im weißen Kleid, die durch die Gänge huscht. Anrufe aus unbelegten Zimmern. Licht, wo niemand den Schalter betätigen konnte und – besonders delikat – eine Änderung der Gesichtsausdrücke auf Gemälden, von denen eins Adele zeigt. Eine Truppe »Ghostbusters« konnte keine befriedigende Erklärung liefern, trotz ausgelegter Zigarren als Köder ... Seit Jahren steht das Waldlust leer und zu den Spukgeschichten gesellt sich der morbide Charme des Verfalls. Ein echter Lost Place. Führungen lassen sich buchen. Ob man dabei auf Adele trifft, ist fraglich. Nur eines ist sicher: Die exponierte Lage bietet einen fantastischen Ausblick bis zur Schwäbischen Alb.
Ebenfalls ein Lost Place – jedenfalls für Freunde der mobilen Erreichbarkeit – ist der Natur-Camping Langenwald. Hier, dreieinhalb Kilometer außerhalb des Ortes, genießt man vor allem eins: die Natur. Wer sich auf das Funkloch einlassen kann, wird entspannte Tage inmitten ansonsten moderner Infrastruktur verbringen.

Grand Hotel Waldlust · Lauterbadstr. 92 · 72250 Freudenstadt
waldlust-denkmal.de · GPS: 48.454845, 8.416954
Natur-Camping Langenwald · Straßburger Str. 167 · 72250 Freudenstadt
Tel. 0441/28 62 · camping-langenwald.de
GPS: 48.458822, 8.373149

↑ Campen auf dem ehemaligen Gelände der Schleh'schen Sägemühle
↓ Ein bezaubernder Ort für Naturliebhaber

↑ Die besondere Lage der Burg verleiht ihr ein malerisches Erscheinungsbild.
↓ Gleich neben den Sanitäranlagen liegen die separaten Stellplätze.

75 Wahrlich eine Reise wert

FAST 1000 JAHRE LANG schrieben die Hohenzollern Geschichte. Nach der Erhebung Preußens zum Königtum stellten sie die Könige und später die Kaiser des Deutschen Kaiserreichs. Deren Stammburg ist eines der bekanntesten Ausflugsziele der Schwäbischen Alb. Schon von Weitem sind ihre Mauern und Türme sichtbar, und spätestens beim Passieren der eindrucksvollen Auffahrtsanlage wird klar: Burg Hohenzollern ist ein Meisterwerk – das neogotische Ideal einer mittelalterlichen Ritterburg. Auf einem 855 Meter hohen, prominenten Bergkegel errichtet, zählt die Anlage zu den schönsten und am besten erhaltenen in ganz Europa. Selbst Kaiser Wilhelm II. schwärmte von dem fantastischen Ausblick, den die Burg zu bieten hat. Als »wahrlich eine Reise wert« soll er ihn bezeichnet haben. Die Burg in ihrer heutigen Form ist bereits die dritte Anlage auf dem Hohenzollern. Errichtet ab 1844 – zu einer Zeit, in der es keinen wehrhaften Adelssitz mehr brauchte – bekräftigte sie umso mehr den Repräsentationswillen der Herrscher von Preußen. Wertvolle Kunstgegenstände zeugen von einer bedeutsamen Familiengeschichte – darunter die preußische Königskrone. Ausstellungen, Konzerte, Open-Air-Kino sowie ein wunderschöner Weihnachtsmarkt machen Burg Hohenzollern zu einer ganzjährig interessanten Adresse.
Auf dem Besucherparkplatz P1 unterhalb der Burg gibt es drei Wohnmobil-Stellplätze. Wem mehr nach einem Campingplatz mit moderner Ver- und Entsorgung ist, der ist mit dem ganzjährig geöffneten, sehr gepflegten Zollernalbcamping gut beraten. Dieser bietet neben modernen Sanitäranlagen auch ein Café sowie ein gemütliches Versperstüble.

Burg Hohenzollern · 72379 Burg Hohenzollern
GPS: 48.325859, 8.964014
Zollernalbcamping · Niederhechinger Str. 41 · 72379 Hechingen
Tel. 07471/989 79 80 · zollernalbcamping.de · GPS: 48.359512, 8.959111

76 Wo Deutschland am höchsten ist

SEIN 161,53 METER HOHER TURM ist der höchste Kirchturm der Welt. Allein das wäre schon ein guter Grund, das Münster Unserer Lieben Frau in Ulm zu besuchen. Doch derlei Superlative gibt es noch mehr. So ist das Ulmer Münster auch die größte gotische Kirche in Süddeutschland. Der Sakralbau, dessen Grundstein im Jahre 1377 gelegt und 17 Generationen später vollendet wurde, hat den Zweiten Weltkrieg fast unbeschadet überstanden – gemessen an den Verwüstungen, die den Rest des Platzes ereilten. Nach einer Abstimmung im Jahre 1530 wurde das Münster ein Gotteshaus protestantischen Glaubens. So steht die größte evangelische Kirche Deutschlands im heute überwiegend katholischen Ulm. Chorfenster aus dem 14. und 15. Jahrhundert, Altäre aus selbiger Zeit, das größte Fresko nördlich der Alpen – das »Jüngste Gericht« von Hans Schüchlin – und eine Fülle an Gemälden und Skulpturen, sind unermessliche Kunstschätze, die zu betrachten sich lohnt. An der Außenfassade gibt es das Hinterteil eines Vogel Strauß zu sehen. Dieses soll auf die unmögliche Liebe eines Gesellen zur Tochter seines Meisters zurückzuführen sein. Die Zunftordnung war gegen eine Verbindung – die Ansichten des jungen Mannes hierzu kann man noch heute in Stein gemeißelt betrachten. Ob er sein »Schätzle« bekam, ist nicht überliefert.
Urlaub auf dem Schwarzfelder Hof ist Urlaub auf dem Bauernhof. Der Campingplatz liegt malerisch am Rande des Naturschutzgebietes Donaumoos, direkt an einem Baggersee. Angelmöglichkeit und Badespaß für die ganze Familie sind garantiert! Bei schönem Wetter gibt es Lagerfeuer mit saftigen Steaks und Würstchen vom Hof. Es empfiehlt sich, rechtzeitig zu reservieren.

Ulmer Münster · Münsterplatz 21 · 89073 Ulm · ulmer-muenster.de
Camping Schwarzfelder Hof · Schwarzfelder Weg 3 · 89340 Leipheim
Tel. 08221/726 28 · schwarzfelder-hof.de
GPS: 48.465577, 10.202486

Der Münsterturm
lässt sich besteigen.

↑ Die Zimmerer erklären ihre Arbeiten am Scheunenplatz.
↓ Eine Reservierung ist ab einer Aufenthaltsdauer von drei Tagen möglich.

77 Eine Klosterstadt entsteht

AUF DER GRUNDLAGE des »St. Galler Klosterplans« aus dem frühen 9. Jahrhundert entsteht in Meßkirch die Nachbildung einer Klosterstadt. Seit dem Morgen des 1. August 2012, an dem anhand der ersten Strahlen der aufgehenden Sonne die Ausrichtung der Anlage bestimmt wurde, wird ein uralter Bauplan originalgetreu umgesetzt, errichten Handwerker Wohnhäuser, Werkstätten, Stallungen und Gärten mit den Techniken von vor 1200 Jahren. Campus Galli ist Freilichtmuseum, Baustelle und Forschungsprojekt. Beim Errichten der Gebäude kommen im Sinne der experimentellen Archäologie althergebrachte Baumaterialien und -methoden zum Einsatz. Wer jedoch eine filmreife Kulisse erwartet, liegt falsch. Auch von einem Kloster ist weit und breit nichts zu sehen. Der Anspruch, das karolingische Frühmittelalter realitätsgetreu auferstehen zu lassen, ist kein leichtes Unterfangen. Und so schreitet die Baustelle, für die eine Gesamtbauzeit von etwa 40 Jahren veranschlagt wurde, auch nur langsam voran. Authentizität ist ein hochgestecktes Ziel – besonders wenn man sich ins weltliche Umfeld dieser frühen Zeit begibt. Es mangelt schlichtweg an Quellen, wie damals tatsächlich gelebt und gearbeitet wurde.
Die Parkplatznutzung ist kostenlos und für Wohnmobile geeignet. Ein Übernachten ist nicht gestattet.
Es bietet sich an, auf dem ganzjährig geöffneten Campingplatz an der Ablach Station zu machen. Die 42 gepflegten Standplätze haben alle einen Strom- und Wasseranschluss. Der Platz befindet sich nahe dem Ortskern von Meßkirch, es gibt viele Einkaufsmöglichkeiten in direkter Nähe. Die Einfahrt ist rund um die Uhr möglich.

Campus Galli · Hackenberg 92 · 88605 Meßkirch · campus-galli.de
GPS: 48.033225, 9.109579
Camping an der Ablach · Am Stachus 26 · 88605 Meßkirch
Tel. 0172/604 11 87 · camping-an-der-ablach.de
GPS: 47.997051, 9.118964

78 In 80 Wagen um die Welt

EINMAL ÜBER DEN STEILEN ALPENPASS nach *Bella Italia* – das war der Wunsch vieler Westdeutscher in den 50er-Jahren. Das Wirtschaftswunder hatte Wohlstand gebracht – und mit ihm Fernweh und Reiselust. Sonne, Strand und Meer, Kunst, Kultur und Dolce Vita: Italien war das Traum-Reiseland. Doch nur wenige Menschen konnten sich einen Hotelurlaub im Ausland leisten. Camping lautete die Lösung, um bei Capri die rote Sonne im Meer versinken zu sehen.

Von der Lust des mobilen Reisens und der Sehnsucht nach Unabhängigkeit erzählt das Erwin Hymer Museum. Schon von Weitem gewährt der Bau mit seiner modernen Glasfront einen ersten Blick auf die Ausstellung. Über 80 Fahrzeuge laden ein zu einer interaktiven Entdeckungstour durch die Welt. Die Kollektion umfasst Eigenproduktionen von Hymer, ebenso typische Vertreter des Caravanings, seltene Einzelstücke oder spannende Nachbauten wie das Dethleffs Wohnauto von 1931 – den ersten in Deutschland gebauten Wohnwagen. Skurril und exotisch: Viele der Exponate wirken heute wie aus einer anderen Dimension. Das Museum führt seine Besucher über Traumrouten zu den Sehnsuchtsorten von einst und heute, begleitet durch die lebendige Geschichte des Reisens bis in die Gegenwart – und darüber hinaus!

Das ganzjährig geöffnete Museum verfügt über kostenfreie Besucherparkplätze – auch für Reisemobile und Wohnwagengespanne. Stellplätze mit Servicestation finden sich an der Waldsee-Therme. Etwas idyllischer steht es sich auf dem Stellplatz Bad Waldsee.

Erwin Hymer Museum · Robert-Bosch-Str. 7 · 88339 Bad Waldsee
erwin-hymer-museum.de · GPS: 47.936544, 9.760713
Stellplatz an der Waldsee-Therme · Unterurbacher Weg
88339 Bad Waldsee · GPS: 47.914753, 9.760401
Stellplatz Bad Waldsee · Hopfenweiler 9 · 88339 Bad Waldsee
Tel. 07524/40170 · stellplatz-badwaldsee.de · GPS: 47.932621, 9.772686

↑ Architektonisch ist das Gebäude einem Caravan-Fenster nachempfunden.
↓ Im Mittelpunkt der Ausstellung stehen historische Fahrzeuge.

↑ Bronzezeitdorf »Unteruhldingen« im Pfahlbaumuseum

↓ Der Campingplatz bietet direkte Seelage mit eigenem Badestrand.

79 Eine untergegangene Zeit

HÄUSER MIT UNVERBAUBAREM AUSBLICK auf den Bodensee. Ein Traum. Zu finden ist er im ältesten Freiluftmuseum Deutschlands in Unteruhldingen. Hier, wo schon vor vielen Tausend Jahren Menschen lebten, hat man Behausungen aus der Stein- und Bronzezeit rekonstruiert. Deren historische Vorbilder standen auf Pfählen an vielen Orten des Bodensees im Flachwasser. Reste dieser prähistorischen Siedlungen finden sich noch heute im Seeboden. Aufgrund des Abschlusses von Luft und Sauerstoff haben sie sich recht gut erhalten.

2011 erklärte die UNESCO die »Prähistorischen Pfahlbauten um die Alpen« – darunter auch die Fundstätten am Bodensee und in Oberschwaben – zum universellen Erbe der Menschheit. Das Museum, das seit 1922 existiert, ist selbst kein Teil des Weltkulturerbes, da es keine Original-Pfahlbauten zeigt. Es sind Nachbauten. Das Pfahlbaumuseum präsentiert jedoch einige Originalfunde aus den umliegenden Welterbestätten – darunter 5000 Jahre alte Äpfel und die ersten Schmuckstücke Mitteleuropas. Ein Steinzeitparcours macht das Leben um 3900 vor Christus erfahr- und erlebbar. Mit bis zu 300 000 Besuchern jährlich ist das Pfahlbaumuseum eines der bestbesuchten Museen Europas.

Direkt am »schwäbischen Meer« gelegen, bietet der Campingplatz Schloß Kirchberg etwa 100 Stellplätze für Touristikcamper. Natur und Kultur. Obst und Weine der Bodenseeregion. Schwimmen und Sonnenbaden an hauseigenen Stränden. Kanu und SUP. Segeln und eine Schifffahrt. Aktiv sein und faulenzen. Das alles geht hier direkt vor der Wohnmobiltür!

Pfahlbauten Unteruhldingen · Strandpromenade 6
88690 Uhldingen-Mühlhofen · Tel. 07556/92 89 00 · pfahlbauten.de
Campingplatz Schloß Kirchberg · Schloß Kirchberg 1
88090 Immenstaad am Bodensee · Tel. 07545/64 13
camping-kirchberg.de · GPS: 47.670414, 9.331387

80 Das Geheimnis vom Hammelberg

AUF DEM HAMMELBERG gibt es ein Mysterium. Eines Morgens im Jahre 2000 war sie plötzlich da. Sie stand an der äußersten Kante eines Felsens und blickte ins Tal. Keiner kannte sie. Keiner wusste, woher sie kam – und angeblich ist das auch heute noch so. Wie aus dem Nichts war die lebensgroße Betonfigur aufgetaucht. Die Hammelburger gaben ihr den Namen Amalberga. Ein knappes Jahr später bekam sie Gesellschaft: »Der Philosoph« nahm auf einem steinernen Stuhl Platz. Sechzehn Monate später erweiterte sich die Gruppe um eine Dame, im blauen Kleide tanzend, die dann auch noch ein Kind zur Seite bekam. Jede dieser Figuren wird auf 100 bis 600 Kilo geschätzt – insofern hat sie niemand »mal eben so« auf den Hammelberg getragen. Doch damit nicht genug. Amalberga – mittlerweile leicht in die Jahre gekommen – verschwand für vier Jahre, um dann – nach einem Makeover – wieder den Blick ins Tal zu richten. Es gibt also vier mehr oder minder gewichtige Personen, deren Herkunft ein Geheimnis bleibt. Dafür haben die Hammelburger nun zahlreiche Touristen, die es sich nicht nehmen lassen, die Unbekannten in den Weinbergen zu besuchen.
Dem Wohnmobilreisenden stehen Am Bleichrasen 35 Stellplätze zur Verfügung. Strom kann an sechs Versorgungssäulen mit 32 Entnahmestellen bezogen werden (0,50 Euro/kWh). Frischwasser ist kostenfrei. Grau-/Schwarzwasser, das mit umweltbelastender Chemie angereichert ist, darf nicht entsorgt werden. Das WC-Häuschen ist rund um die Uhr geöffnet. Zu Fuß sind es gut drei Kilometer bis zu Amalberga & Co.
Weitere Stellplätze befinden sich am Kaiser's Weinland Hotel, An der Walkmühle 11, sowie am Forellenhof, Am Erlich 39.

Die geheimnisvollen Figuren von Hammelburg · 97762 Hammelburg
GPS: 50.127985, 9.914764
Wohnmobilstellplatz Hammelburg · Am Bleichrasen
97762 Hammelburg · GPS: 50.114119, 9.888002

↑ Amalberga ist nicht alleine auf dem Hammelberg.
↓ »Am Bleichrasen« ist einer von drei Stellplätzen in Hammelburg.

↑ Die Bootspartie wird von einer Sphinx bewacht.
↓ Der Stellplatz gewährt einen Blick auf Schloss Johannisburg.

81 Nicht bloß schöne Staffage

DIE KLEINE SCHÖNBUSCHALLEE verbindet – ausgehend vom Schloss Johannisburg über die Willigisbrücke – die Aschaffenburger Innenstadt mit dem Park Schönbusch. Park Schönbusch zählt zu den ältesten und größten im englischen Landschaftsstil angelegten Gärten Deutschlands.
Es war der Mainzer Kurfürst und Erzbischof von Erthal, der ab 1775 seinen Wildpark landschaftsgärtnerisch umgestalten ließ. Im damals noch wenig bekannten »englischen Stil« entstanden spannungsvolle Landschaftselemente wie die Kaskade oder dramatische Parkstaffagen wie die Teufelsbrücke. Der um 1780 errichtete Kurfürstliche Pavillon mit seinen Louis-seize-möblierten Räumen kann im Rahmen von Führungen besichtigt werden. Schloss Schönbusch, wie es heute heißt, liegt verträumt am Schönbuschsee und ist durch eine Sichtachse mit dem Stadtschloss Johannisburg verbunden. Die 160 Hektar große Wald- und Seenlandschaft lädt dazu ein, einen ausgelassenen Tag mit Bootstour, Picknick und Flanieren zu verbringen. Ein vier Kilometer langer Rundweg führt entlang der Park-Highlights. Die Tour beschließt man am besten mit einem Besuch des Biergartens, der ganzjährig in Betrieb ist.
Wo 989 der Erzbischof von Mainz, Willigis, eine Holzbrücke über den Main bauen ließ, befindet sich heute ein gebührenpflichtiger Wohnmobilstellplatz für 30 Camper. Er ist beleuchtet und videoüberwacht. Die Plätze liegen teilweise schattig auf geschottertem Untergrund. Die Bezahlung erfolgt am Parkscheinautomaten. Das Zentrum von Aschaffenburg mit Schloss Johannisburg ist zu Fuß in 20 Minuten erreichbar, bis zum Park läuft man eine gute Dreiviertelstunde. Ein ÖPNV-Anschluss befindet sich in der Nähe.

Schloss Schönbusch · Kleine Schönbuschallee 1 · 63741 Aschaffenburg
GPS: 49.961910, 9.102538
Wohnmobilstellplatz an der Willigisbrücke · Am Main
63739 Aschaffenburg · GPS: 49.970676, 9.137236

82 Im Wald da sind die Räuber

TIEF IN DEN WÄLDERN DES SPESSARTS, gut versteckt in einem Seitenarm des Elsava-Tals, hat Schloss Mespelbrunn die letzten sechs Jahrhunderte nahezu unbeschadet überstanden. Und so präsentiert sich das Renaissance-Wasserschloss als besonders malerisch: Es ruft vor allem bei romantisch veranlagten Mitmenschen Entzücken hervor. Maßgeblich bekannt wurde das Märchenschlösschen durch die Komödie »Das Wirtshaus im Spessart«. Auch wenn die jüngere Generation den Schinken mit Liselotte Pulver und Carlos Thompson kaum kennen dürfte, das Schloss zehrt noch heute von dessen Ruhm. Das Andenken an die edlen Spessarträuber wurde durch den Film von 1958 nachhaltig gestärkt: Die Region wird heute als »Räuberland« vermarktet. Touristen können sogar eine Kutschfahrt mit einem Überfall durch die »Mespelbrunner Spessarträuber« buchen.

Seit dem frühen 15. Jahrhundert im Familienbesitz, gehört das Schloss heute Marie Antoinette Gräfin von Ingelheim, genannt Echterin von und zu Mespelbrunn, einer verheirateten Freifrau von Geyr zu Schweppenburg. Die Familie bewohnt den Südflügel. Der Nordflügel ist nahezu original erhalten und kann besichtigt werden. Er weist viele faszinierende Objekte auf, unter anderem einen echten Tsantsa – einen südamerikanischen Schrumpfkopf!

Etwa 30 Fahrminuten entfernt, liegt der ganzjährig geöffnete Wohnmobilstellplatz von Rothenbuch, ein gebührenpflichtiger Stellplatz ohne Schatten für zehn Camper. Er liegt an einer Sportstätte am Ortsrand. Man steht auf geschottertem Untergrund mit Rasengitter oder Wiese. Für die Wasser- und Stromversorgung stehen Automaten zur Verfügung, eine Entsorgung ist gegeben.

Schloss Mespelbrunn · Schlossstr. · 63875 Mespelbrunn
schloss-mespelbrunn.de · GPS: 49.905754, 9.299538
Wohnmobilstellplatz an der Freizeitanlage · Heigenbrücker Weg
63860 Rothenbuch · GPS: 49.975082, 9.394809

↑ Nicht wenige Besucher sind verzückt beim Anblick von Schloss Mespelbrunn.
↓ Der Stellplatz liegt in direkter Nachbarschaft einer Gaststätte.

↑ Bamberg liegt an der Burgenstraße, einer der beliebtesten Ferienstraßen.
↓ Der alte Baumbestand verleiht dem Platz einen parkähnlichen Charakter.

83 Bambergs höchstgelegener Biergarten

SIEBEN HÜGEL ZÄHLT BAMBERG. Auf dem höchsten thront die Altenburg, das Wahrzeichen der Stadt. Um das Jahr 1100 als Flieh- und Trutzburg genutzt, diente sie im 14. und 15. Jahrhundert als Wohnsitz der Bamberger Fürstbischöfe. 1553 fast vollständig zerstört, tat ein Erdrutsch Ende des 18. Jahrhunderts sein Übriges. Von den ursprünglichen Bauten erhalten geblieben sind nur der 33 Meter hohe Bergfried aus dem 13. Jahrhundert sowie Teile der Ringmauer.

Im Zuge des romantischen Historismus entdeckte man die Burgen und Burgruinen des Mittelalters neu und begann, sie zu rekonstruieren und restaurieren. Auch die Altenburg wurde wiederaufgebaut. Der hübsche Palas mit Fachwerkfassade ist ein solcher Nachbau. E. T. A. Hoffmann zog sich im Jahr 1812 in einen der Mauertürme zurück, wo er die Wände mit Karikaturen der Bamberger Bürger und Prominenz bemalte.

Die Altenburg ist heute ein viel besuchtes Ausflugsziel. Palas und Bergfried sind zwar nicht zu besichtigen, das Restaurant hat – bis auf montags – jedoch täglich geöffnet. Der Name »Hoffmannsklause« erinnert an den bedeutenden Schriftsteller, der hier einst lebte. Die Aussichtsterrasse bietet einen prächtigen Panoramablick über die Bischofsstadt Bamberg und das fränkische Umland. Der Weg nach oben führt über schöne Rundwege. Oder man parkt unterhalb der Burg und geht nur die letzten Meter zu Fuß.

Die romantisch an der Regnitz gelegene Camping Insel Bamberg mit ihren 170 Stellplätzen verfügt über eine erstklassige Ausstattung in natürlicher Atmosphäre. Eine Reservierung wird empfohlen. Anreise und Anmeldung sind vor 13 Uhr nicht möglich.

Altenburg · Altenburg 1 · 96049 Bamberg · bamberg.info
GPS: 49.882681, 10.870911
Camping Insel Bamberg · Am Campingplatz 1 · 96049 Bamberg
Tel. 0951/563 20 · campinginsel.de · GPS: 49.862126, 10.916655

84 Who's Who hoch über der Donau

WENIGE AUTOFAHRMINUTEN DONAUABWÄRTS von Regensburg reibt man sich unweigerlich die Augen. Ein griechischer Tempel auf einem Hügel? Breite Treppen führen hinauf – alle aus Marmor. Um nicht völlig außer Atem vor dem riesigen Eingangsportal zu stehen, empfiehlt es sich, einen anderen Weg einzuschlagen: Der offizielle, kostenpflichtige Walhalla-Parkplatz befindet sich gleich hinter der Ruhmeshalle.

Im Schatten der imposanten Säulen schweift der Blick unweigerlich hinab ins Tal, die Donauauen entlang. Es ist ein gewaltiger Ausblick. Im Inneren des »Ruhmestempel der Teutschen« stehen entlang der Wände marmorne Köpfe, in zwei Reihen übereinander. Es sind 131 Büsten, um genau zu sein. Weitere 65 Gedenktafeln gesellen sich hinzu. Man liest die Namen von Wissenschaftlern, Herrschern, Feldherren, aber auch von Künstlern. König Ludwig I. fasste einst den Entschluss, zum Gedenken an bedeutende Persönlichkeiten eine Halle zu errichten und dort Büsten aufzustellen. Seit 1842 geschieht dies in der Walhalla. Erwartungsgemäß finden sich Schiller und Goethe hier, aber auch Heinrich I., Maria Theresia, Käthe Kollwitz und Sophie Scholl. Die Walhalla reiht sich ein in die Reihe monumentaler Gedenkstätten Deutschlands und gilt als ältestes Bauwerk seiner Art.

Der ganzjährig geöffnete Azur Camping Regensburg bietet eine freundliche Campingatmosphäre. Er liegt direkt am Ufer der Donau: ein perfekter Ort für hinreißende Sonnenuntergänge. Von den 150 Stellplätzen sind 77 parzelliert. Der Campingplatz ist die ideale Ausgangsbasis für einen Trip ins Umland. Die Altstadt von Regensburg erreicht man in nur wenigen Minuten mit dem ÖPNV.

Walhalla · Walhallastr. 48 · 93093 Donaustauf
GPS: 49.033019, 12.226752
Azur Camping Regensburg · Weinweg 40 · 93049 Regensburg
Tel. 0711/409 35 10 · azur-camping.com · GPS: 49.028061, 12.058776

↑ Ihr Aussehen verdankt die Walhalla dem Parthenon der Athener Akropolis.
↓ Ein Standardstellplatz ist ca. 60 bis 90 Quadratmeter groß.

↑ Um den Pavillon entstand eine wunderschöne Parkanlage.
↓ Auch eine gute Base für einen Ausflug zur Walhalla

85 Namaste in der Oberpfalz

AN DEN SÜDLICHEN AUSLÄUFERN des Bayerischen Waldes, auf dem Gelände eines ehemaligen Steinbruchs, befindet sich einer der artenreichsten öffentlichen Gärten Deutschlands. Hoch über der Donau und unweit der Walhalla gelegen, ist dessen Herzstück der Nepal Himalaya Pavillon. Erstmalig auf der *expo 2000* in Hannover errichtet, war er einer der Publikumsmagnete. Erbaut aus dem dauerhaften Holz des Salbaums, *Shorea robusta*, vereint er den buddhistischen Stupa und den hinduistischen Tempel in einem Bauwerk. Nach Beendigung der Weltausstellung ließ ihn ein Mäzen ins oberpfälzische Wiesent bringen und wiederaufbauen. Er sei das einzige Gebäude, in dem Schreine von Buddhisten und Hindus zusammen zu finden sind, so die Betreiber des Nepal Himalaya Parks – »ein Symbol für Frieden, Harmonie und Toleranz«.
Der vergoldete Turm misst beeindruckende 22 Meter. Es ist ein erhebendes Gefühl, unter den Augen Buddhas zu wandeln. Sie erinnern unter anderem daran, ethisches Verhalten zu praktizieren. Beeindruckend sind die zahlreichen Schnitzereien mit ihren unendlichen Details. Zum Park gehören außerdem ein Teehaus, ein nepalesisches Glockenspiel, eine wasserbetriebene Gebetsmühle sowie ein großer Teich mit überlebensgroßer Buddha-Figur. Kostenlose Parkplätze befinden sich im Wald.
Ein gebührenpflichtiger Stellplatz für zehn Wohnmobile befindet sich in Donaustauf, etwa 14 Kilometer vom Park entfernt. Man steht auf geschottertem, sandigen Untergrund, nur wenige Meter vom Flussufer entfernt. Es gibt keine Ver- und Entsorgung. Die Benutzung des Toilettenhäuschens ist im Übernachtungspreis inbegriffen. Ein ÖPNV-Anschluss befindet sich in der Nähe.

Nepal Himalaya Pavillon · Martiniplatte · 93109 Wiesent
nepal-himalaya-pavillon.de · GPS: 49.019675, 12.371899
Stellplatz Eichendorffstraße · 93093 Donaustauf · Tel. 09403/955 29 29
touristinfo-donaustauf.de · GPS: 49.028324, 12.206021

86 Ein Ei mitten im Nichts

INMITTEN DER ÄCKER der damals noch kleinen Gemeinde Garching bei München ging am 31. Oktober 1957 die erste kerntechnische Anlage Deutschlands ans Netz. Man war Stolz auf den Bau, der wegen seiner eiförmigen Kuppel oft auch »Atom-Ei« genannt wird. Entworfen hat ihn der Architekt Gerhard Weber. Weber studierte unter anderem an der Hochschule für Gestaltung in Dessau – dem berühmten Bauhaus – und bei Ludwig Mies van der Rohe in Berlin. Im Laufe der Jahre entwickelte sich rings um das »Nichts« das Forschungszentrum Garching – und machte das damals noch unbekannte Dorf auf der Landkarte der deutschen Wissenschaft sichtbar.

Im Jahr 2000 genügte der »Forschungsreaktor München« (FRM) den hohen wissenschaftlichen Anforderungen nicht mehr und wurde abgeschaltet. Heute ist das Gebäude aus dem Garchinger Stadtbild nicht mehr wegzudenken. Das »Atom-Ei« hat es sogar bis aufs Stadtwappen geschafft. Derzeit wird die Anlage nicht genutzt. Sie soll entkernt werden, die radioaktiven Bestandteile aus dem Inneren entfernt. Die eiförmige Kuppel, die eine subtile Ästhetik ausstrahlt, steht mittlerweile unter Denkmalschutz.

Der Busparkplatz Nord an der Allianz Arena steht für Wohnmobilfahrer zur Verfügung. Ein Bistro wie auch der Paulaner Fantreff Nord stehen ab 10 Uhr zum zünftigen Frühschoppen oder gleich zum Mittagessen bereit. Ein großer Pluspunkt ist die Nähe zur Münchener Stadtmitte, die in nur 30 Minuten mit dem ÖPNV zu erreichen ist. Das Parken vor einem Spieltag ist nur bis 19 Uhr möglich, an Spieltagen ganz ausgeschlossen. Alternativen sind die Campingplätze Langwieder See, Nord-West und Obermenzing.

Atom-Ei · Lichtenbergstr. 1 · 85748 Garching
GPS: 48.265891, 11.674323
Wohnmobilstellplatz an der Allianz Arena · Werner-Heisenberg-Allee 61
80939 München · allianz-arena.com · GPS: 48.221782, 11.624542

↑ Wenig einladend, aber hoch spannend
↓ Nicht nur für Fußballfans eine gute Übernachtungs-Option

↑ **Blick von der Ludwigsbrücke auf das Deutsche Museum**

↓ **Auf dem Camping Thalkirchen trifft sich internationales Publikum.**

87 Wissen auf allen Ebenen

WER SICH FÜR NATURPHÄNOMENE und Technik begeistert, wer gerne an Hebeln zieht und auf Knöpfe drückt, um damit Lämpchen zum Leuchten zu bringen oder andere Dinge auszulösen, schreibt das Deutsche Museum in München auf seine Kulturlaub-Bucket-List. Ein ganzer Tag ist sicherlich zu knapp, um die 25 Ausstellungen mit ihren 28 000 Objekten auf sechs Ebenen zu besuchen und zu verstehen. Das Verarbeiten von Eindrücken ist hier noch gar nicht miteingerechnet. Ein bisschen nach dem Motto »zu viel ist nie genug« bietet sich eine unüberschaubare Vielzahl an Gegenständen, deren Spanne von alltäglich bis sensationell reicht. Eltern sollten sich schon mal auf das gesteigerte Fragebedürfnis ihres Nachwuchses einstellen. Freunde des Bergbaus können in einem fast kilometerlangen Tunnel die Stollenwelt erkunden. Wer lieber hoch hinaus will, findet Heißluftballons und Flugzeuge vor. Für Freizeitkapitäne gibt es ein U-Boot von 1906 und die Sternengucker freuen sich auf Planetarium und Sternwarte. Das »Deutsche Museum von Meisterwerken der Naturwissenschaft und Technik« – wie es eigentlich heißt – ist ein Highlight. Es befindet sich auf der Münchner Museumsinsel und wird jährlich von etwa 1,5 Millionen Menschen besucht. Nach Ausstellungsfläche ist es weltweit das größte seiner Art. Unbedingt auf bequemes Schuhwerk achten! Mitten im Landschaftsschutzgebiet der südlichen Isarauen und doch ganz nah an der City – das ist der Campingplatz Thalkirchen. Er bietet seinen Gästen einen wunderbaren Ausgleich zur Metropole München, die natürliche Umgebung belebt Körper, Seele und Geist. Der umzäunte, ca. 4,5 Hektar große Platz bietet 250 Stellplätze für Wohnmobile und Caravans.

Deutsches Museum · 80538 München · Museumsinsel 1
deutsches-museum.de
Campingplatz Thalkirchen · 81379 München · Zentralländstr. 49
campingplatz-thalkirchen.de

88 Der Superlativ von Burghausen

WAS HABEN EIN SPÄTMITTELALTERLICHES Befestigungswerk in Oberbayern und ein Fort in Madhya Pradesh, Indien, gemeinsam? Beide sind die längste Burg der Welt. Je nachdem, wie man »Burg« definiert. Und darüber lässt sich vortrefflich streiten. Die Schiedsrichter vom »Guiness Buch der Rekorde« haben nachgemessen und kamen zu dem Ergebnis: Burg Burghausen misst genau 1051,02 Meter. Somit ist die Anlage, die sich auf einem lang gestreckten Bergrücken über der Altstadt erhebt, »the longest castle of the world«. Dafür gab es auch eine Urkunde. Es darf erwähnt werden, dass Fort Gwalior, das mehr als doppelt so lang ist, ebenfalls den Titel verdient hätte. Im Londoner Weltrekorde-Büro vertritt man jedoch die Meinung, dass eine Burg der permanente Wohnsitz eines Herrschers ist und ein Fort eine militärische Anlage zur Verteidigung wichtiger strategischer Punkte. Gwalior bezeichnet sich selbst als Fort – und so rühmen sich weiter die Stadt Burghausen und die Bayerische Schlösserverwaltung mit dem Titel. Mit einem Superlativ lässt es sich auch gleich viel besser werben. Die hauptsächlich ab dem 14. Jahrhundert hoch über der Salzach errichtete Festungsanlage mit ihren turmbewehrten, dicken Mauern, dem Bergfried, Gräben und Zugbrücken ist ein Must-Visit.

Der Wohnmobilstellplatz Burghausen bietet Raum für etwa 18 Wohnmobile, ist ruhig am Stadtrand gelegen – mit der Burg in Sichtweite. Die Stellplatzmiete schließt die Nutzung der sanitären Anlagen ein, der Schlüssel kann im Bürgerhaus (Marktler Straße 15a) abgeholt werden. Der Stellplatz ist ganzjährig geöffnet, die Sanitäranlagen im Grillplatzgebäude von Anfang April bis Ende Oktober. Bezahlt wird am Parkscheinautomaten.

Burg Burghausen · 84489 Burghausen · visit-burghausen.com
Wohnmobilstellplatz Burghausen · Berghamer Str. 1
84489 Burghausen · visit-burghausen.com/uebernachten/
wohnmobilstellplatz · GPS: 48.154689, 12.808356

↑ Die alte Herzogsstadt liegt an der Salzach, an der Grenze zu Österreich.
↓ Rings um den Stellplatz gibt es einige Spiel- und Freizeitanlagen.

↑ Im Sängersaal funkelt und glänzt es in jeder Ecke.

↓ Camping Bannwaldsee bietet alles für einen unvergesslichen Traumurlaub.

89 Das Märchenschloss des Technik-Freaks

HOCH ÜBER DER PÖLLATSCHLUCHT erhebt sich Schloss Neuschwanstein. Kein Geheimtipp, so viel ist klar. Es ist nun mal *das* Schloss Deutschlands – und neben Versailles das bekannteste in ganz Europa. Es stockt einem schon der Atem, wenn man Schloss Neuschwanstein zum ersten Mal sieht. Ab 1869 errichtet, ist es der wahr gewordene Traum einer idealisierten Ritterburg. Auch wenn sich Ludwig II. nicht nur Freunde mit dem überaus teuren Bau gemacht hat, heute strömen jedes Jahr Millionen Besucher in seine märchenhafte Welt. Neben Highlights wie Thronsaal und Jägersaal oder eine künstlich geschaffene Grotte zwischen Wohn- und Arbeitszimmer gibt es auch einen der ersten Telefonanschlüsse zu bestaunen. Da es jedoch keine weiteren Leitungen gab, war damit allein das benachbarte Schloss zu erreichen. Hinter mittelalterlich anmutenden Mauern verbirgt sich Hightech von damals – bei größtem Komfort, versteht sich. »Märchenkönig« Ludwig war eben ein echter Technik-Freak.
30 Gehminuten entfernt lässt sich Schloss Hohenschwangau besichtigen – das vielleicht nicht ganz so märchenhaft aussieht, in Bezug auf die geschichtliche Bedeutung aber ein Schwergewicht darstellt. Besuchern stehen im Ortszentrum Parkplätze zur Verfügung.
In Sichtweite beider Königsschlösser liegt Campingplatz Bannwaldsee mit über 450 Standplätzen sowie einem eigenem Stellplatz, dem Wohnmobilpark Schwangau mit 24 komfortablen Stellplätzen. Hier vereinen sich Camping der Extraklasse und Natur pur, direkt am Südufer des gleichnamigen Natursees. Der See ist durch mehrere Strände und einen Uferweg leicht zu erreichen.

Schloss Neuschwanstein · Alpseestraße · 87645 Schwangau
Tel. 08362/93 08 30 · neuschwanstein.de
Camping Bannwaldsee · Münchener Str. 151 · 87645 Schwangau
Tel. 08362/930 00 · camping-bannwaldsee.de
GPS: 47.591885, 10.772993

90 Braune Schatten am Kehlstein

DAS KEHLSTEINHAUS IST EIN TOURISTENMAGNET von ungeahnter Anziehungskraft. Jährlich kommen rund 300 000 Besucher zum Berggasthof und genießen neben Weißbier und Bayerischem Brotzeitteller die gigantische Aussicht über die Berchtesgadener Alpen bis weit nach Salzburg. Man kann es kaum glauben, auch in dieser Bergidylle haben die Nationalsozialisten ihre Spuren hinterlassen ... 1923 machte Adolf Hitler erstmals Ferien in Obersalzberg, einem Ortsteil von Berchtesgaden. Später kaufte er sich dort ein Haus und ließ es ausbauen. Obersalzberg inklusive des Kehlsteins wurden zum Führersperrgebiet, das Dorf und seine Bewohner mussten weichen. Hitlers Berghof wurde neben Berlin zur Schaltstelle seiner Macht. Geschickt nutzte der Diktator das grandiose Alpenpanorama als Kulisse für seine Propaganda. Weiter oben, in 1834 Metern Höhe, ließ er das Kehlsteinhaus errichten. 30 Millionen Reichsmark kostete die architektonische Meisterleistung. Um auf den Gipfel zu gelangen, wurde eigens eine Zufahrtsstraße gebaut. Heute pendeln dort die Besucherbusse. Vom Wendeplatz aus führt ein schmaler Fußweg hinauf zum Gasthof. Schneller geht es mit dem Kehlsteinlift, einem 124 Meter hohen messingglänzenden Aufzug. Der Zugang erfolgt über einen Tunnel. Baulich eher unauffällig, wirkt das Kehlsteinhaus durch seine Lage. Es sollte vor allem eins demonstrieren: Macht. Hier erhebt sich der Herrenmensch über die Natur.

Eine gute Ausgangsbasis für alle Freizeitaktivitäten rund um den Königssee ist Camping Grafenlehen. Hohe Bäume umsäumen die 180 Standplätze, von denen die meisten parzelliert sind. Der Blick geht auf das Kehlsteinhaus sowie das umgebende Alpenpanorama.

Kehlsteinhaus · 83471 Berchtesgaden · kehlsteinhaus.de
Camping Grafenlehen · Königsseer Fußweg 71
83471 Schönau am Königssee · Tel. 08652/655 44 88
camping-grafenlehen.de · GPS: 47.595091, 12.986202

Königssee, Watzmann, Untersberg – der Ausblick ist grandios.

Register

Bildnachweis

Alle Abbildungen des Umschlags und im Innenteil stammen von der Autorin, mit Ausnahme von: Autorenportrait C. Harder: Tiago Phelipe; S. 5: Michael Haddenhorst; S. 8 o.: bluecrayola, Shutterstock; S. 8 u.: Camp Langholz; S. 11: Andrei Nekrassov, Shutterstock; S. 15 o. und u.: Jens Köhler / Störtebeker Festspiele GmbH & Co. KG; S. 16 o.: Max Rewinski / Shutterstock; S. 16 u.: Christian Möller; S. 19 o.: SebastianSchaefer / Shutterstock; S. 19 u.: Havencamp; S. 20 o.: Universum® Bremen; S. 23 o.: Volker Küster; S. 23 u.: Andre Kratzenberg; S. 24 o.: BGStock72 / Shutterstock; S. 24 u.: André Groß; S. 26: Blickfang / Adobe Stock; S. 32 o. und u.: Michael Haddenhorst; S. 35 o.: RobertKuehne / Shutterstock; S. 35 u.: Campingplatz am Mahlower See; S. 36 o.: Sean Pavone / Shutterstock; S. 36 u.: Campingpark Sanssouci / Freizeit-recra GmbH; S. 38: RM_Design / Shutterstock; S. 43: Sergey Kohl / Shutterstock; S. 44 o.: Cinematographer / Shutterstock; S. 44 u.: Reisemobilstellplatz Coswig; S. 47 o.: Carolin Henker; S. 50: Dwphotos / Shutterstock; S. 51: Helmut KNAUS KG Campingparks; S. 52 o.: Michael Eichhorn / Adobe Stock; S. 52 u.: Camping Outtour Aktivreisen; S. 55 o.: Chr. Kremtz / Koordinierungsstelle Himmelswege; S. 59: hecke61 / Shutterstock; S. 59: Campingpark Eisenach; S. 64 o.: silverfox999 / Shutterstock; S. 64 u.: Martin Förster; S. 67 o.: K.N.Y / Shutterstock; S. 68 o.: Lightboxx / Shutterstock; S. 68 u.: Alexander Jung; S. 71 u.: Paul Glaser; S. 75 o.: Pictures4you / Adobe Stock; S. 79: Traveller70 / Shutterstock; S. 80: Guenter Albers / Shutterstock; S. 83 o.: Sina Ettmer Photography / Shutterstock; S. 83 u.: Ralf Landers; S. 84 o.: Marc Venema / Shutterstock; S. 87 o.: Marc Venema / Shutterstock; S. 87 u.: Ruhrcamping; S. 88 o.: Sova Olena / Shutterstock; S. 88 u.: Anke Weitkamp; S. 91 o. und u.: Nikolay Dimitrov / Duisburg Tourismus; S. 92 o.: agumus / Adobe Stock; S. 95 o.: Denis Bury / Alfried Krupp von Bohlen und Halbach-Stiftung; S. 95 u.: Helmut KNAUS KG Campingparks; S. 96 o.: ON-Photography Germany / Shutterstock; S. 99 o.: lingling7788 / Shutterstock; S. 99 u.: Stellplatz Bad Aachen; S. 100 o. und u.: Dan Race / Adobe Stock; S. 103 o. und u.: Rheincamping Siebengebirgsblick; S. 104: Romas_Photo / Shutterstock; S. 107 o.: Steffen Eichner / Adobe Stock; S. 108 o.: franke 182 / Adobe Stock; S. 110: BB-Digitalfotos Stock / Adobe Stock; S. 111: The Eppstein Project; S. 112: Claudio Divizia / Shutterstock; S. 120 o.: SanGero / Adobe Stock; S. 120 u.: RCN Camping Laacher See; S. 123 o. und u.: Helmut KNAUS KG Campingparks; S. 124: Nattapoom V / Shutterstock; S. 127 o.: haveseen / Shutterstock; S. 127 u.: Florian Krautkremer; S. 128 o.: Ekaterina Klochkova / Shutterstock; S. 136: Campingpark Lindelgrund; S. 138: Mikhail Markovskiy / Shutterstock; S. 140: Ingo Börsch / Ortsgemeinde Mörsdorf; S. 143 o.: Buddha Museum; S. 143 u.: Mosel-Campingplatz Rissbach; S. 144 o.: Botond Horvath / Shutterstock; S. 148 o.: BarthFotografie / Shutterstock; S. 151 o.: S.Borisov / Shutterstock; S. 155 o. und u.: Natur-Camping Langenwald; S. 156 o.: canadastock / Shutterstock; S. 159: UllrichG / Shutterstock; S. 160 u.: Camping an der Ablach; S. 163 o. und u.: Andreas Keller / Milla & Partner / Erwin Hymer Museum; S. 164 o.: A. Mende / Pfahlbauten; S. 167 o.: Florian Trykowski; S. 171 o.: leoks / Shutterstock; S. 172 o.: Overfranke / Adobe Stock; S. 175 o.: Wirestock Creators / Shutterstock; S. 175 u.: AZUR Camping – AZUR Freizeit GmbH; S. 176 u.: Touristinfo Donaustauf; S. 179 o.: Maddie A / Shutterstock; S. 179 u.: Patryk Kosmider / Shutterstock; S. 180 o.: Deutsches Museum; S. 180 u.: Jennifer Roscher; S. 183 o. und u.: Burghauser Touristik; S. 184 o.: Igor Plotnikov / Shutterstock; S. 184 u.: Camping Bannwaldsee; S. 187 o.: Rastislav Stur / Shutterstock

Impressum

Verantwortlich: Kerstin Thiele
Lektorat: Christian Schneider
Layout: Elke Mader
Kartografie: Heike Block
Repro: LUDWIG:media
Herstellung: Anna Katavic
Printed in Slovenia by Florjancic

★★★★★

Sind Sie mit diesem Titel zufrieden? Dann würden wir uns über Ihre Weiterempfehlung freuen. Erzählen Sie es im Freundeskreis, berichten Sie Ihrem Buchhändler oder bewerten Sie bei Onlinekauf. Und wenn Sie Kritik, Korrekturen, Aktualisierungen haben, freuen wir uns über Ihre Nachricht an Bruckmann Verlag, Postfach 40 02 09, D-80702 München oder per E-Mail an lektorat@verlagshaus.de.

Unser komplettes Programm finden Sie unter

www.bruckmann.de

In diesem Buch wird aus Gründen der besseren Lesbarkeit das generische Maskulinum verwendet. Weibliche und anderweitige Geschlechteridentitäten werden dabei ausdrücklich mitgemeint, soweit es für die Aussage erforderlich ist.

Die Deutsche Nationalbibliothek verzeichnet diese Publikation in der Deutschen Nationalbibliografie; detaillierte bibliografische Daten sind im Internet über http://dnb.d-nb.de abrufbar.

ISBN 978-3-7343-2596-0